Bemerkungen

zum

Entwurf eines Strafgesetzbuch

für den norddeutschen Bund.

Von Professor Dr. Röder in Heidelberg.

Extra-Beilage zu Band XII Heft 2 der Kritischen Vierteljahresschr

München, 1870.
Verlag von R. Oldenbourg.

Zur Beachtung!

Die Verlagshandlung der kritischen Vierteljahresschrift bietet mit unserem Wissen den Abnehmern der Zeitschrift in der Form einer besonderen Beilage ein weiteres Votum über den Entwurf eines Strafgesetzbuches für den norddeutschen Bund (von Prof. Dr. Röder in Heidelberg), wünschend, daß recht viele derselben sich veranlaßt sehen möchten, sich diese Ergänzung der Zeitschrift anzueignen.

München im April 1870.

Die Redaction.

Entwurf eines Strafgesetzbuchs für den norddeutschen Bund. Berlin im Juli 1869. Nebst Motiven und Beilagen.

Allgemeine Vorbemerkungen.

Die Ehre der Zusendung vorstehender Gesetzgebungsarbeit „zur Kenntnißnahme" ist auch mir erwiesen worden und es trat mir dadurch die Frage: welchem Umstande Dieß zuzuschreiben sei — um so mehr nahe als ich an Rücksichten von Oben nicht gewöhnt bin, als überdieß meine Schriften bisher beinahe nur außerhalb Deutschlands Beachtung gefunden haben, und, namentlich sofern sie das Strafrecht angehen, von Seiten der deutschen Fachgelehrten, schon wegen meiner, ihnen unbequemen, wissenschaftlichen Richtung, planmäßig todtgeschwiegen und fast nur verstohlen benützt worden sind. Ebendeßhalb durfte ich mich kaum wundern, wenn sie auch dem Verfasser oder den Verfassern des fraglichen Strafgesetzentwurfs unbekannt geblieben zu sein scheinen, obgleich die jüngste dieser Schriften*) schon auf dem Titel als „eine kritische Vorarbeit zum Neubau des Strafrechts" sich angekündigt und gerade in Berlin ein zu früh geschiedener Schriftsteller, Hiersemenzel, sich bewogen gefunden hatte in der „deutschen Gerichtszeitung" sie als sehr beherzigenswerth, ja sogar die „Streiche," die sie gegen die herrschenden alleinseligmachenden Strafrechtslehren geführt hat, als „tödt-

*) Röder: „Die herrschenden Grundlehren von Verbrechen und Strafe in ihren inneren Widersprüchen." 1867.

lich" zu bezeichnen. Vielleicht hat man sich in Berlin noch erinnert, daß 1855 ein von mir dorthin erstattetes Gutachten über die Einzelhaft, das auch „höchsten Orts" Beifall gefunden haben soll, den Hauptanlaß zu dem damals gefaßten Beschluß gegeben hatte, das Moabiter Zellengefängniß seiner wahren ursprünglichen Bestimmung zurückzugeben. Wie Dem auch sei: ich glaube meinen Dank für die mir erzeigte Aufmerksamkeit am Besten dadurch abstatten zu können, daß ich mit vollster Offenheit meine Ueberzeugung in Bezug auf das vorliegende Gesetzeswerk ausspreche, auch wenn ich voraussehe, daß ich damit wenig Anklang finden werde. Das Meiste von Dem, was ich zu sagen habe, wird hoffentlich einige Beachtung in Anspruch nehmen dürfen, auch abgesehen von der Gelegenheit, bei der es gesagt wird.

Der auf die Ausarbeitung des vorliegenden Entwurfs verwandte Fleiß verdient gewiß alles Lob insofern, als es kein Kleines ist, sich einen auch nur halbwegs genügenden Ueberblick über den ganzen Wust der deutschen Gesetzgebungsarbeiten auf diesem Felde zu erwerben, vollends für Männer, die nicht schon durch ihren Beruf genöthigt waren, seit Jahrzehnten allen neuen Erscheinungen zu folgen. Mit Inhalt und Fassung des Werks hingegen wird sich kein Sachkenner aufrichtig einverstanden erklären können. Fragt man zunächst nach den grundsätzlichen Vorbedingungen für den Erfolg einer solchen Arbeit, so hat es an denselben unleugbar ganz und gar gefehlt.

1) Vor Allem ist überhaupt die jetzige Zeit zur Abfassung einer gediegenen, haltbaren Strafgesetzgebung, einer solchen, die dem Gesammtzustand unserer heutigen Bildung auch nur einigermaßen entspricht, durchaus ungeeignet, weil dafür die wissenschaftlichen Voraussetzungen noch lange nicht in hinreichendem Maße vorhanden sind. Niemand, der vertraut ist mit dem dermaligen Stand der Dinge im Gebiet der Strafrechts-Wissenschaft und Gesetzgebung, kann die zahlreichen deutlichen Anzeichen verkennen, daß wir uns hier mit starken Schritten einem entscheidenden Wendepunkt — und zwar zum Besseren — nähern. Wir erblicken namentlich eine zunehmende Vereinfachung und Vermenschlichung der Strafrechtspflege nach den Forderungen des wahren Rechts und der Sittlichkeit; ein

Zurücktreten des bisher vorwaltenden reinen Formalismus, der sich besonders in vielfachen, durchaus werthlosen, spitzfindigen Unterscheidungen sowohl der Verbrechen als der Strafen, und in einer ganz äußerlichen Auffassung beider, breit machte; ein allmähliches Aufgeben der zweckwidrigen Anmaßung gesetzgeberischer oder richterlicher Allwissenheit, wie sie z. B. in der Vorausbestimmung und starren Unabänderlichkeit der Strafen zu Tage liegt, der endlich, durch Anerkennung der Nothwendigkeit einer Gestattung bedingter Freilassungen, die Spitze abgebrochen wird u. s. f. In der Hauptsache aber liegt trotzdem noch zur Zeit Alles gar sehr im Argen: man ist noch immer mehr oder minder befangen in den rohen alten Ueberlieferungen der Vergelterei und Abschreckerei; man hat sich noch lange nicht durchgearbeitet zu jener scharfen und klaren Erkenntniß des einzig wahren Rechtsgrundes und Rechtszweckes alles Strafens, ohne welche doch gar nicht zu denken ist an eine Strafgesetzgebung, die wahrhaft recht- und zeitgemäß, für das Leben allerseits förderlich und mit sich selbst übereinstimmend ist, anstatt jeden Augenblick in die gröbsten Widersprüche zu gerathen. Auch bei den Verfassern des Entwurfs begegnet man jener Unsicherheit, deren Quelle der Mangel einer festen Ueberzeugung ist über das bestimmte Ziel, das bei jeder Gesetzgebungsarbeit in's Auge gefaßt werden und über den Weg zum Ziel vor Allem entscheiden muß, obwohl demnächst (nach den Forderungen der Strafpolitik) auch alle besondern örtlich und zeitlich vorhandenen Verhältnisse, und die darin liegenden Hindernisse und Schwierigkeiten, eine angemessene eBrücksichtigung finden müssen.

Die bis heute vorherrschende Theorie hat sich ohne Frage dergestalt überlebt, daß sie längst unhaltbar und ihre Ueberholung durch eine mildere, menschlichere Rechtsübung unausbleiblich geworden war.*) Soll daher hier ein nennenswerther Fortschritt im Bereich der Gesetzgebung gethan werden, so kann es nicht genügen, wenn

*) Vgl. darüber auch S. Ruf, die Criminaljustiz. Ihre Widersprüche und die Zukunft der Strafrechtspflege. Criminalpsychologische Studien. 1870 und meine Anzeige dieser Schrift im „Gerichtssaal" 1869. VI. Heft, S. 465 ff.

dieselbe sich zwischen jener Theorie und dieser Praxis, ohne es mit Einem von Beiden ganz verderben zu wollen, unentschieden hindurchzuwinden sucht, wenn sie die überlieferte Theorie — die lediglich zusammengeflickt ist aus hohlen Frasen von Gerechtigkeit, Vergeltung, Sühne oder Genugthuung mit einem obligaten Zusatz von Abschreckungsgedanken — bloß, gleich einem noli me tangere, vorsichtig umschifft, anstatt offen und ganz, in allen ihren Folgerungen mit ihr zu brechen. Die Verfasser des Entwurfs haben den ersteren Weg vorgezogen, den sie, auf eine in sich ganz unklare Weise, den historischen nennen. Wahrhaft geschichtlich kann doch wohl nur ein Verfahren genannt werden, das sich von allem Dem, was im Leben geschieht und wird, bestimmte Rechenschaft zu geben, das Gute und das Böse, was da geschieht, gehörig zu unterscheiden versteht. Dazu aber ist vor allen Dingen die Einsicht in Das vorausgesetzt, was da werden und geschehen *soll*. Denn wie können wir ohne diese Einsicht jemals mit Sicherheit urtheilen, ob wir auf dem rechten Wege zum rechten Ziele sind oder nicht, ob wir voran- oder zurückschreiten? Wie kann ein Verfahren historisch sein, wobei man nur gleichsam mit verbundenen Augen sich zurechtfinden möchte und, mit völligem Verzicht auf strenge Durchführung fester Grundsätze, nicht sowohl in Folge klar erkannter Forderungen des Rechts und der Zeit, als bloß in einer theilweise richtigen Ahnung, einzele schüchternen Vorschläge zur Annäherung an die Wahrheit macht. Nirgends begegnen wir daher hier, weder in Hinsicht der Verbrechen, noch der Strafen, noch der Wechselbeziehung beider — in der Zurechnungs- und Zumessungsfrage — durchgreifenden Entscheidungen, die als wirkliche große Fortschritte bezeichnet werden könnten; man hat namentlich nicht eingesehen, wie unerläßlich es ist, im Strafrecht ein Ende zu machen mit dem ungebührlichen Einfluß rein naturgesetzlicher Vorgänge: Ursachen und Wirkungen — nämlich des äußeren Erfolgs bloß als solchen, sofern er gar nicht vom Willen abhing, sondern lediglich von den Gesetzen der Fysik und Chemie — auf die Feststellung des Thatbestandes, die Beurtheilung der Schuld und Strafwürdigkeit, und anstatt Dessen sich ausschließlich an den bethätigten rechtswidrigen Willen zu halten. Und doch ist, solange man Dieß nicht thut, gar nicht zu denken an eine gerechte

Bestrafung der Verbrechen überhaupt, und insbesondere des Versuchs, des Zusammenflusses, der Theilnahme am Verbrechen als Urheber, Gehülfe, Begünstiger, der Fahrlässigkeit u. s. w. Ebensowenig hat man sich auf die Höhe der Zeit gestellt durch Befriedigung ihrer lautesten Forderungen: der gänzlichen Verwerfung der Todesstrafe, wozu doch sichtlich die heutige Bildungsstufe mit unwiderstehlicher Gewalt hindrängt, sowie jeder Verbüßung der Freiheitstrafe in aufgedrungener Gemeinschaft auch nicht minder, des bisherigen, vermeintlich beliebigen, Verfügens über die Ehre; man hat es endlich noch nicht zu jener Vereinfachung der Freiheitstrafen*) gebracht, die doch als eine unabweisliche Nothwendigkeit erscheint, seitdem man die Unhaltbarkeit ihrer altherkömmlichen Unterschiede, je nach Art und Maß der damit verbundenen Peinigung, Gesundheitwidrigkeit und Beschimpfung, erkannt hat.

2) Vollends aber fehlt jeder hinreichende Grund zur Abfassung eines Strafgesetzbuchs für den norddeutschen Bund. Daß dieser Bund lediglich eine vorübergehende Schöpfung sein wird, ja sein soll, darüber sind auch die entgegengesetztesten Parteien einig. Wer daran noch zweifeln könnte, trotz des unaufhörlichen nationalliberalen Redensartengeklingels, Dem würden die, sogar von Ministertischen oft genug wiederholten, großen Worte vom „deutschen Nationalstaat" den Staar haben stechen müssen, so klar es auch jedem nüchternen Beobachter ist, daß wir von diesem allerseits erwünschten Ziel weiter als je entfernt sind. Man begreift darum kaum, wie es der Mühe werth geachtet werden konnte ein Strafgesetzbuch für einen solchen bloßen Uebergangszustand abzufassen, noch weniger die sichtliche Hast, mit der dabei, aus Gründen einer falschen Politik, vorangegangen wird, auf Kosten der unerläßlichen reifen und allseitigen Prüfung. Sobald man irgend versucht ins Einzele gehend sich die Frage zu beantworten: wieweit die Strafgewalt der Einzelstaaten künftig noch reichen solle und wieweit das Begnadigungsrecht der Bundesfürsten? wie verschieden die Gerichte jedes Landes darüber urtheilen werden u. A. m., so befindet man sich

*) Näheres darüber in meiner Schrift „der Strafvollzug im Geist des Rechts", XI. Abh. S. 352 ff.: „Die Vereinfachung der Freiheitstrafen".

in einem geradezu unentwirrbaren Chaos. Namentlich in Betracht der Doppelstellung eines jeden „Norddeutschen“*) zu seinem Heimatstaat und dessen scheinbarer Selbständigkeit einerseits und dem Bunde anderseits, hinsichtlich der Treue, die beiderseits an ihn gefordert werden kann, drängt sich sofort die Ueberzeugung auf, daß das Maß der „Strafrechtseinheit“, die der Entwurf herzustellen unternimmt, mit einem bloßen Staatenbund sich durchaus nicht verträgt, ja nicht einmal mit dem Bundesstaat, der ihm der Sache nach hier überall untergeschoben wird, daß vielmehr allerwärts der Pferdefuß des Einheitstaats hervorguckt, in den uns seine verkappten Anhänger nicht schnell genug hineinschmuggeln können. Nach den scharf treffenden Ausführungen darüber, besonders von Heinze**), ist jedes weitere Wort überflüssig. Im besten Fall wird durch ein solches Gesetzbuch, wie es dermalen im Werk ist, nur das „schätzbare Material“ für ein künftiges deutsches Gesetzbuch vermehrt, und zwar unter dem aus inneren Gründen schwerlich zu rechtfertigenden weit überwiegenden Einfluß des preußischen Strafgesetzbuchs. Dieß gilt selbst für unsern Norden, für sich betrachtet, um so mehr noch für unsern Süden, dessen Strafgesetzbücher ohne Zweifel zu den besseren gehören und so Manches vor dem preußischen voraus haben, das leider in mehr denn einem wichtigen Stück sich den Code pénal zum Vorbild genommen hatte. Wie schwer ins Gewicht fällt schon der einzige Umstand, daß, mit Erhebung dieses Entwurfs zum Gesetz, auch den Staaten unseres Nordens mit ihren fast dritthalb Millionen Einwohnern, die das Hinrichten glücklich los geworden sind, diese sog. Strafe, und mit ihr ein offenbarer trauriger Rückschritt, ebenso wieder aufgenöthigt würde, wie es in Nassau, zufolge

*) Jeden Angehörigen des „norddeutschen Bundes“ ohne Weiteres zum „Norddeutschen“ zu stempeln, also z. B. auch die Frankfurter und Wiesbadener, hätte man doch besser vermieden. Eine amtliche Abgränzung unseres Nordens am Main, die aller wirklichen Verhältnisse spottet, ist kaum minder lächerlich als es der Befehl sein würde, künftig überall da, wo heute Preußen herrscht, nur noch von preußischer Literatur und Sprache zu reden!

**) Staatsrechtliche und strafrechtliche Erörterungen 2c. 1870.

seiner „Annexion" bereits geschehen ist, während z. B. in Italien kein Mensch daran denkt, den Toskanern durch ein neues Strafgesetzbuch die Todesstrafe wieder aufzudringen, nur um der Einheit willen*), für die man doch sonst auch dort der Bevölkerung der grundverschiedenen Theile des neuen Staats nicht wenige der unverständigsten Opfer zugemuthet hat, auf eine für den festen Bestand der Monarchie überaus bedenkliche Weise.

Schon der erste Blick auf den Entwurf bezeugt, wie weit derselbe in dem, überdieß offen zugestandenen, engsten Anschluß an das preußische Muster gegangen ist. Der gute Wille, etwas Besseres zu machen, geht zwar aus manchen, zum Theil anerkennenswerthen, Vorschlägen hervor, aber es versteht sich von selbst, daß ihm schon insofern sehr enge Gränzen gesteckt waren, als das neue Werk mit dem Geist eines thatsächlich unumschränkt regierten Militärstaats nicht in allzu auffallenden Gegensatz treten durfte. Gehören überhaupt Strafgesetzbücher, wie K. S. Zachariä in seinen „40 Büchern vom Staat" gezeigt hat, zu den besten Mitteln ein Volk in Fesseln zu schlagen, wofür der Code pénal die handgreiflichsten Belege gibt, so sind Zeiten einer Reaktion gewiß die ungünstigsten, die sich für das Zustandebringen solcher Werke nur denken lassen. Zum Glück wird eine nicht allzuferne Zukunft unerbittlich hinausschreiten über alles persönliche Regiment, d. h. über jede wie immer übertünchte Alleinherrschaft, an die so viele falschen Freunde der Monarchie sich klammern, sowie über Alles was den Geist des Bevormundungs- und Militärstaats athmet.

Eine eingehende Beurtheilung des ganzen Entwurfs würde nach dem Allen von meinem Gesichtpunkt aus eine überflüssige Arbeit sein. Ich überlasse sie gern jenen Heißspornen, deren lebhafte Einbildungskraft es ihnen leicht macht den unfertigen großpreußischen Nordbund ohne Weiteres in einen fertigen deutschen Nationalstaat umzutaufen, und auf diese sehr freie Uebersetzung hin auch ferner ähnlich vorzugehen (natürlich jetzt mit höherer Genehmigung,

---

*) S. Pessina, dei progressi del diritto penale in Italia nel secolo 19. und meinen Bericht darüber im „Gerichtsaal" 1868. 6. Heft, bes. S. 460 ff.

obwohl selten aus gleich reinen Motiven) wie einst Jene geträumt und geredet haben, die man darauf hin, in Preußen nicht minder wie im übrigen Deutschland, als Demagogen und Revolutionäre verfolgt, eingekerkert und um Gesundheit oder Leben gebracht hat. Ich beschränke mich demnach in der Hauptsache auf die Beleuchtung der Hauptlehren des allgemeinen Theils des Entwurfs, im Uebrigen nur auf gelegentliche Bemerkungen zu Einzelem, was der besondere Theil oder seine Motive bringen. Vielleicht, daß Eines oder das Andere hier und da einiger Beachtung werth gefunden wird, wenigstens soweit es an sich unabhängig ist von dem Entwurf und seiner Fassung

Zur Einleitung

die über alle Maßen weitschweifig abgefaßt ist, nur soviel:

Zu §. 1. Von den eigentlichen Verbrechen und Vergehen unterscheiden sich allerdings jene leichteren Verstöße gegen die bürgerliche Ordnung, die man als (Polizei-)Uebertretungen oder auch als Polizeivergehen zu bezeichnen pflegt, durch ein eigenthümliches Gepräge, indem sich darin zwar eine nicht ganz rechtliche Gesinnung: eine Saumseligkeit, Unbesonnenheit oder Leichtfertigkeit, aber doch keineswegs ein geradezu rechtswidriger Wille kund gibt. Es muß daher Denen, die sich Dergleichen zu Schuld kommen lassen, von Rechtswegen auch eine ganz andere Behandlung widerfahren als Denjenigen, deren Thun, wenn nicht eine völlige sittliche Verwahrlosung oder Verdorbenheit, doch immerhin eine so gefährliche Beschaffenheit ihres Kopfes und Herzens bezeugt, daß nur durch eine strenge nachhaltige Zucht eine Umwandlung derselben sich erwarten läßt. Völlig eitel hingegen ist das Unternehmen, auch zwischen wirklichen Verbrechen und Vergehen, auf Kosten des Rechts wie des Sprachgebrauchs, eine ebenso scharfe und tiefgehende Unterscheidung willkürlich festzusetzen und durchzuführen, indem man an beide ganz verschiedene Rechtsfolgen knüpft, nach dem Vorgang des Code pénal, der nur bei seinen crimes den Versuch gleich der Vollendung straft und ihnen allein die peines infamantes & afflictives vorbehält. Der Entwurf hätte daher besser diese sachwidrige, rein äußerliche, Unterscheidung, und somit die ganze französische Dreitheilung der strafbaren Handlungen, von Vorn herein aufgegeben, anstatt nur hinterdrein das folgerechte Festhalten an derselben. Wohin z. B. der Diebstahl gehöre, läßt sich allgemein gar nicht bestimmen, sondern hängt von Umständen ab, die sich oft erst aus der Untersuchung ergeben; der Hauptanhaltpunkt, wenigstens für die Eintheilung in Verbrechen und Vergehen, je nachdem sie mit Zuchthaus (oder Korrektions- bezieh. Arbeithaus) oder Gefängniß bestraft werden, der schon durch die Beseitigung der Ehrennachtheile für alle Züchtlinge wesentlich abgeschwächt werden würde, fällt vollends weg, und mit ihm der ganze Sinn des Gegensatzes dieser Freiheitstrafarten, sobald die Zellenhaft allgemein geworden sein wird.

Zu §. 2. Daß Jeder nach dem Strafgesetz beurtheilt werde, unter dem er gehandelt hat, nach Zeit und Ort, betrachtet man bekanntlich als *sein Recht*, sofern jenes das mildere war; als das Recht und die Pflicht *des Staats* aber gilt es, ihn danach *nicht* zu behandeln, sofern jenes das härtere war, das man jetzt als unstatthaft, weil ungerecht, erkannt hat. Aus eben diesem Grunde darf, obgleich der Entwurf das Gegentheil vorschlägt, am Vollzug eines Strafurtheils (z. B. eines Todesurtheils) keinesfalls festgehalten werden, auch dann nicht wenn erst *nach* der sog. Rechtskraft, d. h. der einstweiligen Vollziehbarkeit, der zuerkannten Strafe der Staat zur Einsicht ihrer Verwerflichkeit gelangt sein sollte. Abhülfe muß hier geschafft werden nicht bloß auf dem Gnadenwege, sondern auf dem Wege Rechtens, und zwar mittelst eines zweiten Urtheils, wie ich es vorlängst gefordert habe*) und wie es neuerdings auch von Andern, z. B. von *Bar***) und *Wahlberg****), zugestanden wird. Diese Abhülfe, die auch nicht so schwer ausführbar sein wird, wie die „Motive" S. 12 annehmen, ist ebenso unerläßlich wie sie

---

*) z. B. „Strafvollzug" S. 109.

**) Die Grundlage des Strafrechts 1869 und meine Kritik dieser Schrift in der kritischen Vierteljahrsschrift XI. Band, S. 399 f.

***) In der Schrift „Das Prinzip der Individualisirung in der Strafrechtspflege." 1869 — unter Anderm S. 239 sogar durch stillschweigende Aneignung meiner Worte! Vergl. in meinem Buch „Besserungstrafe und Besserungstrafanstalten als Rechtsforderung" 1864: die Ueberschrift und den Text des §. 8 mit der vorerwähnten Stelle.

es bei allen längeren Freiheitstrafen iu der Regel nach Ablauf etwa der halben Strafzeit sein wird, um über die Zulässigkeit bedingter Freilassung zu entscheiden, wovon noch weiterhin näher zu reden ist.

In §. 3 und 4 sucht man vergebens einen zureichenden Grund, warum über die zur See begangenen Verbrechen ganz geschwiegen ist, mit einziger Ausnahme des §. 349. Eine eingehende Erörterung der Streitfrage über Bestrafung der entweder auswärts oder von Ausländern begangenen Verbrechen würde hier zu weit führen. Nur Dieß sei gesagt, daß zu ihrer gründlichen Beantwortung, weil sie ebenso ins Völkerrecht als ins Strafrecht einschlägt, schlechterdings genau geschieden werden muß: 1) Was hier rein sachlich erfordert sein würde zur richtigsten Lösung einer allen Völkern unstreitig gemeinsamen Aufgabe? und 2) Wieweit man der Erfüllung der hieraus sich ergebenden Forderungen heutzutage sich zu nähern im Stande sei, in Betracht a, der sehr ungleichen Rechtseinsicht der verschiedenen (gebildeten oder ungebildeten) Völker, b, unseres ebenso ungleichen, guten oder schlechten, Verhältnisses zu ihnen. Fest steht hiernach: Je mehr die Bildung aller Völker und die wahre Rechtsordnung ihres Wechselverhaltens zunimmt, zu welcher ein einträchtiges Zusammenwirken für die Bestrafung aller gemeinen Verbrechen ohne Zweifel gehört, um so mehr muß man zurückkommen von dem heute fast alleinherrschend gewordenen sog. Territorialprinzip, mit seinen zum Theil ungereimten, mitunter sogar bis zum Verstoßen gegen das: ne bis in idem getriebenen Folgerungen, m. a. W. von der vollständigen Nichtberücksichtigung aller anderen Staaten; desto mehr wird sicher die heute fast ganz verworfene Auslieferung von Inländern an das forum delicti commissi, wenigstens zur Untersuchung und Aburtheilung, wieder aufkommen. Alles Weitere ergibt sich hieraus von selbst.

In engerem Zusammenhang mit der Aufgabe der „Strafrechtseinheit", die der Entwurf ins Auge gefaßt hat, steht aber etwas Anderes: er hat eine handgreifliche höchst bedenkliche Lücke gelassen in Betreff der Subjekte, die möglicher Weise nach einem Gesetzbuch für den Nordbund zu bestrafen sind. Der allgemeinen Wortfassung des §. 3 zufolge scheint es freilich in diesem Bunde gar Niemand zu geben, der zu strafloser Begehung von Verbrechen privilegirt wäre; aber begreiflich *scheint* es nur so. Bei jedem Strafgesetzbuch für *ein bestimmtes*, monarchisch regiertes Land ist selbstverständlich Alles einfach. Gibt man nämlich auch zu, daß dessen Monarch Unrecht thun, vielleicht sogar, daß er Verbrechen begehen könne, so steht doch, nach dem alten: „impune quaelibet facere, id est regem esse“, oder, wie man es heute frei übersetzt: „Macht geht vor Recht“, soviel fest, daß er dafür wenigstens im eignen Lande nicht gestraft werden kann. Fällt er einem auswärtigen Feinde in die Hände, gegen den er Unrecht geübt hatte, so verbietet diesem die herkömmliche courtoisie, ihm irgend ein anderes Leid zu thun als höchstens zeitlich ihn gefangen zu halten. Hier aber ist von einem novum ohne Vorgang, von einem ganzen Strafgesetzbuch für eine neue Ausgabe von Fürstenbund die Rede, an dessen Wesen ein Paar geduldete freie Städte Nichts ändern; und in diesem Bunde steht eine ganze Anzahl von Monarchen in der Hauptsache *scheinbar* gleichberechtigt nebeneinander, ja Einer von ihnen gehört demselben, seinen Zwecken und Anliegen, nicht einmal zur Hälfte an — wenn anders dabei Land und Leute nicht ganz unberücksichtigt bleiben sollen — ein Umstand der, beihin gesagt, wie jeder Praktiker alsbald einsehen muß, bei Verbrechen die in Hessen begangen worden sind, sehr oft zu den größten Ungeheuerlichkeiten und unlösbaren Verwickelungen führen wird*). Sollen nun etwa, fragt sich, die Bundesfürsten sammt und sonders unter keinen Umständen zur Rechenschaft gezogen werden dürfen, also durchweg straflos bleiben, Was immer sie begehen mögen, sei es auch gegen das Dasein des Bundes selbst, sowohl Hoch- als Landesverrath, der doch ihrerseits ohne Frage ebensogut, wo nicht eher zu erwarten ist als von irgend einem andern Angehörigen des Bundes? Fast drollig erscheint es, daß die Motive des Entwurfs für seine Aufstellungen in Hinsicht solcher Verbrechen keinen andern Anhalt finden konnten als in dem, durch das Frankfurter Attentat von 1833 hervorgerufenen Beschluß, den der selige deutsche Bundestag 1836 gefaßt hat, und wonach jede Handlung, die Hoch-

*) Auch hier gibt die angeführte Schrift von *Heinze* S. 150 ff. alle nöthigen Belege.

oder Landesverrath in einem einzelen Bundesstaat sein würde, ganz ebenso auch dann angesehen und nach den Landesgesetzen am Thäter gestraft werden soll, wenn sie gegen den Bund selbst vorgenommen wird. Nach diesem Bundesgesetz hatte ohne Zweifel beide ebengenannten Verbrechen z. B. der König von Preußen begangen, als er theils unmittelbar nach einer bundesgrundgesetzlich unmöglichen Kriegserklärung seine Bundesgenossen überfiel, theils ohne solche (wie das, dießmal gelungene, Attentat an Frankfurt ergibt) — und zwar nachdem man vorher der Unterstützung des Auslandes sich versichert hatte. Wenn die Sache schief gegangen wäre, so würden in jedem andern Bundesgebiet, außer dem preußischen selbst, alle Bedingungen einer Bestrafung gegeben gewesen sein. Hatte man doch einst, sogar ehe es einen deutschen Bund gab, bloß wegen treuen Festhaltens an Napoleon, den König von Sachsen des Verraths am Vaterlande bezichtigt und kaum mit seiner Gefangenhaltung und dem Verlust eines großen Theils seines Landes an Preußen zur Strafe sich genügen lassen! — Soll nun etwa im sog. norddeutschen Bunde dem Präsidenten und obersten Kriegsherrn desselben, und ihm allein, ebendie Ausnahmsstellung unbedingter Straflosigkeit eingeräumt werden, wie zu Zeiten des deutschen Reiches dem Kaiser? soll nur ihm das Recht vorbehalten sein, jenem Scheinbunde, seiner eigenen Schöpfung, sobald es ihm beliebt, ebenso ein Ende zu machen, wie 1866 dem „unauflöslichen" deutschen Bunde, während alle kleineren Bundesfürsten, wie weiland die Reichstände, überhaupt, also auch bei ähnlichen Versuchen ihrerseits, den Bundesstrafgesetzen unterworfen bleiben? Oder ist es die Absicht, dasselbe Recht auch jedem andern Bundesfürsten einzuräumen für den Fall, daß sich dazu, etwa durch geheime Bündnisse mit auswärtigen Mächten, eine günstige Gelegenheit darbieten sollte? In einem Bunde, der diesen Namen verdient und nicht den einer bloßen Löwengesellschaft, sollte freilich Was dem Einen recht ist, dem Andern billig sein; man wird sonst gar zu lebhaft an jene Spinnengewebe erinnert, in welchen, wie der alte Fritz sagte, nur die Schwachen hängen bleiben, während die Starken durchreißen! — Dieser offenbar wundeste Fleck der ganzen werdenden Strafgesetzgebung für den norddeutschen Bund kann allerdings nicht dadurch geheilt werden, daß man verschämt den Schleier des Schweigens über ihn breitet oder vornehm die Achseln zuckt über den deutschen Filister, der sich so wenig in die preußische Denkweise finden kann, um hier auch nur den leisesten Zweifel über die so deutlich zwischen den Zeilen heraus zu lesende wahre Meinung zu haben, der vielmehr beschränkt genug ist, nicht einmal zu wissen, daß es auch in unsern Tagen noch ein auserwähltes Volk gibt und daß hier — in Sachen politischer Konvenienz — ohnehin der Rechtstandpunkt gar nicht in Frage kommen kann, sondern nur „das Staatsinteresse," die bekannte raison d'état, bezieh. die ultima ratio regum! — Je wahrscheinlicher, um nicht zu sagen: gewisser es ist, daß mehr denn Einer der Fürsten, die sich gezwungen sahen, dem deutschen Bunde zu entsagen und dem norddeutschen Bunde beizutreten, mit Freuden sich ihm wieder entziehen wird, sobald es möglich ist, um so eher wird man in den vorstehenden Betrachtungen einen unwidersprechlichen Beleg mehr für die innere Unhaltbarkeit dieses Bundes und aller seiner Werke erkennen.

Erster Theil: von der Bestrafung der Verbrechen im Allgemeinen.

In Betreff des ersten Abschnitts: „von den Strafen" wird es zweckmäßig sein, erst einiges Allgemeine voranzuschicken; und dann gelegentlich auch im Einzelen zu zeigen, wie wenig beifallswerth nach Form und Inhalt die Mehrzahl der hieher gehörigen Bestimmungen ist.

Die S. 17 aufgeführten 13 Strafarten hätten übersichtlicher zusammengefaßt werden können unter die gangbaren Gattungsnamen: Todesstrafe (Nr. 1), Freiheitstrafen (Nr. 2—7; 12 und 13), Vermögensstrafen (Nr. 8 und 9), Ehrenstrafen (Nr. 10 und 11). Denn, daß auch die Verbannung (Nr. 13) und jene ermäßigte Fortsetzung der Strafbevormundung (sog. Nachstrafe), die man Polizeiaufsicht heißt, zu den Freiheitstrafen gehört, läßt sich nicht wohl bezweifeln; Ebendieß gilt von der Unterbringung in eine Erziehungs- oder Besserungsanstalt (Nr. 6) und von der Einsperrung in ein Arbeithaus als „Besserungsnachhaft" (Nr. 7), wovon noch weiterhin die Rede sein wird.

I. Die Todesstrafe, wie man eufemistisch den gerichtlichen Mord nennt, enthält ohne Frage den inneren Widerspruch, daß durch sie Unrecht geübt wird unter dem Schein des Rechts zur Aufhebung des Unrechts; sie führt ebendarum nothwendig zu zahlreichen weiteren Widersprüchen und Willkürlichkeiten aller Art hin, wie schon die flüchtigste Vergleichung der verschiedenen Gesetzgebungen es ergibt. Hier sei nur erwähnt, daß die heutige gleiche Art des Hinrichtens der ungleichartigsten Verbrecher dem Rechtsgrundsatz der Verhältnißmäßigkeit jeder gerechten Bestrafung, somit dem Rechtsgefühl, offenbar Hohn spricht; daß die sog. Todesstrafe vielfach vom reinsten Zufall abhängig gemacht wird, nicht etwa bloß davon, daß der Gesetzgeber z. B. ganz willkürlich bei einigen Verbrechen (wie namentlich der Entwurf §. 67 und 185 bei Hochverrath und Mord) für gut gefunden hat, den Einfluß mildernder Umstände auszuschließen, sondern fast in allen Gesetzgebungen (mit Ausnahme des Code pénal) vom Eintreten des Erfolges — wodurch, so grundsatzwidrig es auch ist, immerhin doch die Menschenschlächterei einigermaßen vermindert wird. Hierhin gehört ferner, daß z. B. die Ermordung Dessen, auf den es nicht abgesehen war, zu den verkehrtesten Entscheidungen geführt hat ꝛc., daß fast überall der Begriff des Todeswürdigen, weil er in sich unhaltbar ist, anders bestimmt wird, daß man ihn bald abhängig macht vom Ermessen des Gerichts (über das Dasein mildernder Umstände), bald vom Alter des Verbrechers, daß man bald viele, bald wenige Verbrechen — bisweilen nur eines: den Mord und gar nicht mehr die politischen Verbrechen — dahin zählt, weil die Ansichten über die Nothwendigkeit der Hinrichtungen, besonders zur Abschreckung, sehr weit auseinandergehen. Fest steht nur die mit größter Stetigkeit zunehmende Verminderung der Hinrichtungsfälle, sei es durch Gesetz oder Gericht oder Begnadigung — mittelst deren ja in manchen Ländern, z. B. in Holland, die Todesstrafe thatsächlich so gut wie abgeschafft ist —; ebenso die Unmöglichkeit des Beweises, daß diese Verminderung eine Zunahme der Verbrechen nach sich gezogen habe oder ziehen werde. Trotz dem Allen ist der Entwurf, durch Beibehaltung der Todesstrafe für drei Fälle, sogar noch über die Forderungen eines Stahl hinausgegangen, der durch sein frömmelndes Geschwätz wenigstens nur zwei Fälle, den Hochverrath und Mord, (nicht auch den Fall thätlicher Beleidigung des Fürsten) als todeswürdig aufrechtzuhalten versucht. Als Grund führen die „Motive" an, man habe es für historisch geboten gehalten einen zu großen Sprung (den plötzlichen Sprung vom Unrecht in das Recht!) zu vermeiden! In der That mag in einem Staatenbund von so entschieden militärmonarchischer Färbung ein so großer und rascher Fortschritt völlig unthunlich erscheinen, wie so viele anderen unzweifelhaften Fortschritte auch.

Was den Vollzug der sog. Todesstrafe betrifft, so ist man, wie zu erwarten stand, im §. 9 dem Vorgang der meisten Gesetzgebungen diesseits und jenseits des Weltmeers darin gefolgt, daß man den Blutdurst des heidnischen Götzen der Justiz, dem man noch immer opfern zu müssen glaubt, wenigstens nur ganz in der Stille befriedigen will, nämlich ohne den vor Zeiten davon unzertrennlichen Abschreckungsspektakel, dessen Wirkung sich allerorten als eine der Absicht so durchaus entgegengesetzte erwiesen hatte, daß es kaum möglich war sich länger darüber zu täuschen. Daß der Vollzug der Todesstrafe bei jedem Weibe, wegen der Möglichkeit der Schwangerschaft, solange als nöthig aufgeschoben werden müßte, ist das Geringste was man nach Ellero's Ausführungen darüber*) behaupten muß. Unbestimmt läßt der Entwurf, ob das Schlachtopfer der Justiz aus freier Hand kunstgerecht umgebracht werden soll durch Beil oder Schwert, oder aber vermittelst des Fallbeils oder Fallschwerts. Zu Ende des §. 10 hätte man besser nicht bloß vom Leichnam des Hingerichteten ausdrücklich gesagt, daß er dessen Angehörigen auf Wunsch auszuliefern sei, sondern auch von dem des gestorbenen Züchtlings, der ja bisher ebenfalls der Anatomie überliefert ward. Bei der jetzigen Fassung kann man auf Gleichstellung nur a majori ad minus schließen.

II. In Hinsicht der Freiheitstrafen, deren fast ausschließende Herrschaft in der Zukunft ein scharfer Kopf, wie K. S. Zachariä, schon vor fünfzig Jahren bestimmt vorausgesagt hat, ist schon oben bemerkt worden, daß dazu auch die in dem Straf-

*) Della pena capitale. Venezia 1860 p. 99 seg.

verzeichniß des Entwurfs (unter Nr. 6 und 7) angeführte Unterbringung in eine Erziehungs- oder Besserungsanstalt und die Einsperrung in ein Arbeithaus, als Besserungsnachhaft, gehört. Am Deutlichsten wird Dieß besonders bei den jugendlichen Missethätern, da gerade sie beinahe immer zuchtlos, verwahrlost, aufgewachsen sind, mithin einer ernsten Zucht, die diesen Namen verdient, d. h. Erziehung dringend bedürfen, damit nach Möglichkeit Das gut gemacht werde, was auf eine, nun offenbar gewordene, höchst gemeinschädliche Weise bei ihnen versäumt worden ist. Weil man nun eingesehen hat, daß sie keinesfalls zu den ergrauten Bösewichten zwangweise in die Lehre gegeben werden dürfen, so hat man (§. 50) wenigstens die Bildung einer besondern Klasse in der ordentlichen Gefangenanstalt verlangt für Solche die, je nachdem sie vom vollen zwölften bis zum vollen sechzehnten Jahr mit oder ohne Unterscheidungsvermögen dem Richter gehandelt zu haben scheinen, im ersten Falle von ihm dorthin auf höchstens 15 Jahre verwiesen werden können, im letzten Falle aber (nach §. 51) in eine Erziehungs- oder Besserungsanstalt, wo sie nach Ermessen der Verwaltung nur bis zum vollen zwanzigsten, also höchstens acht Jahre lang, behalten werden dürfen. Alle Erfahrung bezeugt jedoch die große Schwäche dieses ganzen Unterschiedes ihres Handelns mit und ohne discernement — wodurch der Code pénal in der That nur die jungen Leute vor seiner eignen entsetzlichen Härte retten wollte — und folglich den Ungrund der daran geknüpften so verhängnißvoll verschiedenen Rechtsfolgen. Eine und dieselbe Strafbesserungs- oder Besserungsstrafanstalt für sie Alle, wenn auch mit verschiedener Behandlung je nach Vergehen Individualität, ist vielmehr das einzig Richtige.

Ebensowenig gibt es einen stichhaltigen inneren Grund dafür, daß man die sog. Arbeit- (oder Korrektions-) Häuser zum Behuf der sog. polizeilichen Verwahrung, bezieh. Zucht, und der Strafzucht trenne. Diese Trennung ist daher auch im Leben sehr vielfach aufgegeben worden; denn ob man wegen einer oder mehren bestimmten Handlungen als zucht- oder, wie man sagt, strafbedürftig erscheint, oder aber weil man überhaupt dem Bettel, der Landstreicherei, dem Saufen, dem Spielen oder sonst einer lüderlichen und gemeinschädlichen Lebensweise sich ergeben hat, läuft auf Eins hinaus. So soll denn auch in diesen letzteren Fällen nach dem Entwurf (§. 350) Verurtheilung zum Arbeithaus stattfinden auf eine nach Ermessen der Polizei demnächst zu bestimmende Zeit, jedoch nicht über drei Jahre. Es ist deßhalb gar nicht einzusehen, warum nicht ganz in derselben Weise bei dergleichen sog. Polizeivergehen oder „Uebertretungen" auch, ja erst recht, auf Polizeiaufsicht soll erkannt werden können, solange diese überhaupt beibehalten wird; denn gerade in solchen und ähnlichen Fällen, die einen zur Gewohnheit gewordenen gefährlichen Hang bezeugen — wie er bei Kuppelei, Hehlerei, Diebstahl, Wildern, Schmuggeln und Raub am Häufigsten ist, möchte jene Aufsicht noch am Besten angewandt, ja sogar auf sie allein zu beschränken sein. Einige Bedenken mag es immerhin haben, wenn es, nach §. 33 und 34 („Zulässigkeit", „Befugniß"), lediglich dem Ermessen der Polizeibehörde überlassen bleibt, ob sie überhaupt Polizeiaufsicht üben will und wie lange, binnen des ihr gesteckten Ziels von fünf Jahren; jedenfalls aber wird dadurch doch der offenbare Unsinn vermieden, daß das Gesetz, oder auch nur das Urtheil, schon im Voraus für bestimmte Fälle Polizeiaufsicht verhängt, wohl gar für bestimmte Zeit. Trotz der besondern Prüfung, die der Frage über Ob und Wie der Polizeiaufsicht in den Motiven S. 61 ff. zu Theil geworden ist, hat der Entwurf die richtige Antwort noch nicht gefunden, weil man sich noch nicht hinreichend klar darüber war, daß die Polizeiaufsicht überhaupt nicht sowohl eine Nachkur und Uebergangsmaßregel, sondern Nichts weiter ist als ein bloßer, obendrein sehr zweischneidiger Nothbehelf und Lückenbüßer, ein etwas gemilderter Zusatz oder Anhang der eigentlichen Strafhaft, den man ähnlich der (nach Vorgang des §. 146 des preußischen Straf-G.-B.) gestatteten Anordnung der Einsperrung in ein Arbeithaus, „nach ausgestandener (Gefängniß-) Strafe" als eine sog. Nach- oder Nebenstrafe zu bezeichnen pflegt. Natürlich bedürfte es derselben nie, noch weniger einer „Nachhaft", wenn die vorhergangene Strafhaft selbst leistete was sie leisten sollte! Da Dieß aber, bei der erbärmlichen, geradezu zweckwidrigen Einrichtung der meisten Strafanstalten, unmöglich ist, und im besten Fall die Zeit und Kosten des Aufenthalts darin weggeworfen sind, wie man bisweilen (s. Motive S. 190) selbst eingesehen hat, so war man gezwungen außerhalb der Strafe — erst durch sog. Nachstrafen — Das zu erreichen, was bei ihr verfehlt worden ist: Besserung oder doch äußerliche Sicherung gegen Solche, die zumeist gerade mittelst der sog. Strafanstalten soweit gekommen sind, daß man sie als „unverbesserlich" betrachten zu dürfen glaubt. Tausendfältige Erfahrung hat indeß zur Genüge gelehrt, wie verhängnißvoll die schablonenmäßige rücksichtlose Gleichmacherei, die allen Polizeimaßregeln herkömmlich anhaftet, für das Fortkommen der Entlassenen wirkt, und fast noch mehr die entmuthigende Aussicht auf diese beschämende und vexatorische Art der Ueberwachung auf die ganze Stimmung der Gefangenen selbst und ihre Empfänglichkeit für alles Gute, wozu sonst die Strafanstalt sie anregen würde. Einiges wird immerhin dadurch gebessert, daß man die Polizeiaufsicht nur auf ganz wenige Vergehen beschränkt und ihre statthafte Gesammtdauer abkürzt, daß die Richter nicht mehr auf sie erkennen müssen, sondern nur können, und zwar nur auf ihre Zulässigkeit, während es der Verwaltungsbehörde überlassen bleibt, demnächst sie wirklich eintreten zu lassen oder nicht, und späterhin sie wieder aufzuheben. Jedenfalls wird sie nur am Platz sein, wenn sie 1) nach dem Bericht der Strafanstaltverwaltung in Rücksicht der Eigenart des Falls und des Menschen nicht als ungerechtfertigt erscheint und 2) mit der äußersten Schonung (nach dem Vorgang Sachsens) geübt wird, 3) solange nicht freie Schutzaufsichtvereine bestehen, die das zu Leistende weit besser leisten können und nur in seltenen Ausnahmfällen Polizeihülfe in Anspruch zu nehmen haben werden.

Die drei Sätze des §. 33 würden übrigens, mit Vermeidung des unpassenden „neben", weit besser in einen Satz zusammengezogen, z. B.: „Wird Freiheitstrafe und darauf folgende Polizeiaufsicht zuerkannt, so erhält dadurch die Polizeibehörde das Recht zu dieser Aufsicht auf höchstens fünf Jahre, deren Anfang vom Tage des Ablaufs der Freiheitstrafe zu berechnen ist."

Bei den Bestimmungen des Entwurfs über die Freiheitstrafen ist vorzüglich Zweierlei zu bedauern:

1) die Unklarheit, in der man sich darüber befand, daß, seltene

Fälle ausgenommen, die einzig zweckentsprechende und daher einzig rechtlich zulässige Art der Einrichtung derselben die Trennungshaft ist*), daß demnach alle näheren Bestimmungen über den Vollzug der Freiheitstrafen mit Rücksicht hierauf hätten getroffen werden sollen, insbesondere auch die unentbehrlichen Uebergangsmaßregeln bis dahin, daß dieses Ziel vollständig erreicht, also seine Erreichung — durch Bau der erforderlichen Zellengefängnisse — vor allen Dingen ermöglicht sein wird. Statt Dessen begnügen sich die Motive (S. 31) mit Aufstellung des kläglichen, bloß formalen Ziels möglichster Gleichmäßigkeit der Einrichtung und Verwaltung der Strafanstalten! Hätte man die durchgehende Absonderung der Gefangenen von Einander als Vorbedingung jeder Besserung erkannt und in gleichem Sinn auch alle weiteren Anordnungen über die den Sträflingen zukommende Behandlung getroffen, so wäre es dann ziemlich gleichgültig gewesen, ob man, bei dem Würfeln über die gesetzlich vorauszubestimmende Strafdauer, — denn eine andere Benennung verdient das heutige Verfahren kaum, wobei nur Zufall und Willkür den Ausschlag geben — diese Zeit ein wenig länger oder kürzer angesetzt hätte, indem sie jedenfalls gut benutzt worden sein würde. Sobald man Sonderhaft anwendet, sei es auch daß einstweilen noch neben ihr gemeinsame Haft fortbestehe, so ist Abkürzung der Dauer der ersteren in steigendem Verhältniß ohne Zweifel erfordert, wie es oft genug dargethan worden**), freilich nicht aus dem ganz haltlosen Grunde, weil sie angeblich „schwerer, härter" ꝛc. ist, als die Haft in Gemeinschaft, sondern aus dem unwidersprechlichen Grunde, weil sie dem wahren Zweck der Strafe entspricht und derselbe hier in der Regel sogar schon in etwa

*) Vollständige Anerkennung hat Dieß in dem portugiesischen Gesetz vom 1. Juli 1867 gefunden, wodurch auch die Todesstrafe beseitigt worden ist. „Schade", sagt ein spanischer Beurtheiler (Romero Giron in der „Revista de legislacion' T. 32 p. 35 55.) „daß es nicht auch die Deportation und die Lebenslänglichkeit der Einsperrung beseitigt hat; im Uebrigen ist es unvergleichlich!"

**) S. z. B. Röder „Strafvollzug" S. 108 u. 125 und „Besserungsstrafe ꝛc." S. 133 f.

vier Jahren fast sicher erreicht wird, so daß, was darüber hinaus geht, nur vom Uebel ist. Die gemeinschaftliche Haft ist freilich beinahe immer schon als solche vom Uebel, und wirkt daher um so schlimmer, je länger sie währt, auf den inneren Menschen; sie müßte also eigentlich folgerecht nur als äußeres Sicherungsmittel betrachtet werden und lebenslang dauern, was heutzutage nur mittelbar der Fall zu sein pflegt in Folge steter Rückfälle und neuer Verurtheilungen.

2) Zufolge eben dieser Unklarheit über die wahre Aufgabe alles Strafens und insbesondere aller Freiheitstrafe (Haft) hielt man jenen Rest völlig veralteter Anschauungen fest, der in der oben bereits erwähnten herkömmlichen Unterscheidung von Zuchthaus und Gefängniß — wozu in den meisten deutschen Gesetzgebungen noch, als Mittelglied, das Korrektions- oder Strafarbeithaus kömmt — unverkennbar ist, die sich früher auf Kost, Kleidung, Lagerung, Arbeit, Ketten, Prügel 2c. erstreckte. Hatte Dergleichen einen Sinn überhaupt nur, solange man in der Strafe lediglich eine wohlberechnete, sorgfältig abgestufte Leidenszufügung sah, und führte schon die Ahnung der Widerrechtlichkeit dieser Auffassung neuerdings allmählich zur Abschleifung ihrer schärfsten Spitzen (z. B. durch Beseitigung der Unterschiede von „schwerer" und „leichter" Arbeit, sowie der Fesseln, durch, wenn auch leider nur örtliche, Aufbesserung der Kost 2c.), so wäre es wohl endlich an der Zeit gewesen, ganz und in allen ihren Folgerungen mit ihr zu brechen, somit auch die alte, bunte Musterkarte der „schweren" und „leichten" Freiheitstrafen ihr nachzuwerfen. Heutzutage sollte es nur eine, äußerlich im Wesentlichen gleiche, Haftweise, nnd zwar Sonderhaft, für Alle geben, wenn auch selbstverständlich innerlich, d. h. der Behandlung nach, verschieden, je nachdem gemeine Verbrechen (bezieh. Vergehen) vorliegen oder nicht. Für diesen letzten Fall war ja bekanntlich bisher schon Festungsstrafe oder sog. Einschließung (ein überflüssiger Ausdruck, der sprachlich ebensowenig wie der Ausdruck „Haft" zur Bezeichnung nur einer besonderen Art der Einsperrung brauchbar ist!) bestimmt, z. B. für Zweikämpfer, nicht immer leider auch für Staatsverbrecher. Mit einem solchen Bringen aller Freiheitstrafen auf gleiche Benennung würde von selbst sehr vieles Andere wegfallen, z. B. die ebenso

müßigen als willkürlichen Bestimmungen der geringsten und höchsten Dauer der verschiedenen Arten der Freiheitstrafe, sammt allen Künsteleien und Schwierigkeiten bei Umwandlung der einen in die andere Art.

Obgleich man demnach hier zu einem ganz entschiedenen Vorangehen ohne alle Halbheit sich nicht entschließen konnte, so hat man immerhin einige Vorschläge gemacht, die aller Anerkennung werth sind, nämlich: erstens die Beschränkung der längsten zeitlichen (nicht: zeitigen, wie es, ganz sprachwidrig, der Entwurf dem preuß. Strafgesetzbuch nachschreibt) Haftdauer auf 15 Jahre, und zweitens, was noch weit höher anzuschlagen ist, die bedingte Entlaßbarkeit nach Ablauf der halben Strafzeit. Ueber Beides wird es nicht unnütz sein, auch in Rücksicht der eingeholten Gutachten, ein Paar Worte zu sagen.

1) Wer halbwegs richtige Begriffe von Recht hat, Dem muß es unzweifelhaft sein, daß mit dem Begriff einer wahrhaft gerechten Strafe unvereinbar alle solchen sog. Strafen sind, die außer aller Beziehung auf den Willen des Verbrechers stehen, die vielmehr auf rein äußerliche (mechanische) Weise, sei es durch Kopfabschneiden oder durch lebenslanges Bringen hinter Schloß und Riegel, gegen künftige Verbrechen desselben Menschen sichern sollen („absolute Sicherheitstrafen" Grolman). Auch die Zeitdauer der Freiheitstrafen ist ein rein äußerlicher Umstand, der bloß als solcher für die Umstimmung des verbrecherischen Willens, also für die Aufhebung der verbrecherischen Neigung, natürlich gleichfalls ohne alle Bedeutung ist; er gewinnt eine solche nur dadurch, daß und insofern als bald schon eine kürzere, bald, wie beim Gewohnheitverbrecher, erst eine längere Haft genügend erscheint für die erwähnte unentbehrliche Einwirkung auf den inneren Menschen durch nachgeholte Zucht, die zur Lösung der wahren Aufgabe aller Strafe unentbehrlich ist. Auch nicht jeder Rückfällige im engern Sinne ist jedoch ohne Weiteres wie ein Gewohnheitverbrecher anzusehen; es ist daher ein schweres, von dem Entwurf vermiedenes Unrecht, gesetzlich, wie es der Code pénal thut, an jeden Rückfall (sogar im weitern Sinn) schon eine Verlängerung der Einsperrung zu knüpfen. Ebenso verkehrt wäre es, wenn Ebendieß in jedem

Fall eines Zusammenflusses von Verbrechen geschehen sollte, ja wenn wohl gar dann alle zuerkannten Strafen einfach summirt würden, vielleicht bis zu 20, 30 und mehr Jahren, — ein Unsinn, dem jeder nicht von blinder Vergeltungswuth besessene Gesetzgeber steuern muß, wie es die Richter schon durch ein: poena major absorbet minorem zu thun pflegen. Diese ahnen wenigstens, wie es der Theoretiker einsehen sollte, daß die Erreichung des Strafzwecks, sogar bei verschiedenartigen Verbrechen desselben Menschen, keineswegs immer eine Verlängerung der Strafzeit, wohl gar um's Doppelte oder Dreifache, fordert.

Erfreulich ist es, daß man sich wenigstens im preußischen Ministerium des Innern und der Justiz, wenn auch noch lange nicht überall sonst, vollkommen klar darüber ist (wie die Rundschreiben ergeben): daß zu hoch gegriffene Strafen auf den Staat selbst zurückfallen, wie Das überhaupt bei jeder äußerlich oder innerlich schlecht beschaffenen Strafe der Fall ist, daß sie die Rechtsicherheit nicht vermehren, sondern vermindern, indem das Zuviel alles bereits erreichte Gute wieder vernichtet durch die unheilbare, also auf die ganze Lebenszeit des Sträflings sich erstreckende, Schädigung bezieh. Abschwächung Desselben an Geist, Körper und Individualität in Folge der Eintönigkeit und des unablässigen Zwangs des Zuchthauslebens während langer, vollends mehr als zehnjähriger Dauer. In der That enthalten sämmtliche eingeholten Gutachten über die zulässige längste Dauer rc. nur die nähere Begründung dieser Wahrheit; sie stimmen mit Recht fast alle darin überein, daß namentlich für die sittliche Besserung der Sträflinge zehn Jahre, auch der besteingerichteten Haft, schon viel zu viel seien, besonders deßhalb, weil bei zu langer Fortsetzung der Haft ein Umschlagen in Abspannung und Abstumpfung oder Verhärtung kaum zu vermeiden sein werde, während im Uebrigen für die Gesundheit des Geistes und Körpers, sowie für das Leben (auch durch Selbstmord), die bei Weitem größere Gefahr vielmehr in die erste Zeit der Haft falle, späterhin aber, in Folge der Gewöhnung, merklich abnehme. Zumal „bei den jetzigen Zuchthauseinrichtungen“ ist, nach Patzke, die Sterblichkeit so groß, daß bei Verurtheilungen auf zehn Jahre ein Jeder so gut wie gewiß sein kann, sein Leben im Zuchthaus zu beschließen, was zu einer höchst entmuthigenden, in jeder Rücksicht verderblichen, Hoffnungslosigkeit, wo nicht Verzweiflung, führen müsse. In Widerspruch hiermit wiederholt zwar d'Alinge die alten Behauptungen, deren gerades Gegentheil die Erfahrungen aller Länder unwidersprechlich dargethan haben: daß die körperliche und geistige Gesundheit am Meisten in der Zellenhaft leide. Außerdem soll nach Delbrück durch diese, „weil der Mensch zur Gemeinschaft geschaffen ist," die Fähigkeit, Versuchungen zu widerstehen, verloren gehen; und daraus soll dann gefolgert werden — freilich durch den abenteuerlichsten Sprung — daß ihm die schlechtest-mögliche Gesellschaft (nämlich von Seinesgleichen, ja von noch weit mehr Gesunkenen und Verhärteten) nicht nur nicht entzogen, sondern sogar aufgedrungen werden dürfe, wenigstens bei Tage, anders freilich, selbst nach Delbrück, unter allen Umständen bei Nacht! — Alle, die durch langjährige Erfahrung mit beiden Arten der Haft genau vertraut, mithin zum vollgültigen Urtheil berufen sind, wie Schück, Dietz, Dücpetiaux, Suringar u. A., haben natürlich die gerade entgegengesetzte Ueberzeugung; sie halten die von d'Alinge gepriesene „rationell gehandhabte Gemeinschaft" für einen Widerspruch im Beisatz, ebenso sein vermeintliches „Individualisiren" bei derselben, vermittelst einer Klasseneintheilung, für eine gänzliche Unmöglichkeit und reine Einbildung, endlich die von Delbrück für segenreich erklärten sog. Vertrauensposten für einzele Sträflinge (die „Aufpasser" Obermaier's), mit Patzke, für durchaus verwerflich; sie fordern vielmehr durchgehende Trennungshaft im Namen der Menschlichkeit und Gerechtigkeit, zum Besten der Gesellschaft nicht minder als des Sträflings.

Bezeichnend genug ist es allerdings — und das argumentum a contrario drängt sich von selbst auf — wenn ein Gegner der Einzelhaft, wie Delbrück, gerade für die seiner Meinung nach unverbesserlichen Rückfälligen Gemeinschafthaft, auch über zehn Jahre, für allein passend erachtet, offenbar nur darum weil er bei ihnen jedes weitere Bemühen um ihre Besserung für verloren hält, gerade so wie man bekanntlich bei den auf Lebenszeit Verurtheilten, weil man sie kurzweg aufgeben zu dürfen glaubt, nur auf äußere Sicherung, Vergeltung 2c. das Absehen zu richten pflegt *). Wenn ferner das Gutachten Eckert's vom „hohen Zweck der Sühne" spricht, welchem, ihm zufolge, dienen soll Was über zehn Jahre hinausgeht, oder wenn d'Alinge sogar immer nur nach dem sog. „Zweck der Genugthuung, Vergeltung oder Gerechtigkeit" das Strafmaß bestimmt wissen will, selbstredend ohne zu zeigen wie Das anzufangen sei — so muß man eine solche vollständige Unklarheit über den rechtlichen Grund und Zweck aller Strafe Männern einigermaßen zu Gut halten, denen zum Lesen und Nachdenken über dergleichen Fragen wenig Zeit bleibt, und man wird sich damit zufrieden geben müssen, daß der Letztere wenigstens beim Strafvollzug kein so nebelhaftes Ziel ins Auge faßt, wie aus seiner Erklärung erhellt: daß er eine Strafe, die nicht auf Besserung zielt, sich gar nicht denken könne.

Auch wenn die Minister, sowie einige der Gutachten und der Gesetzentwurf, sich schließlich für eine längste Dauer von 15 Jahren für die zeitliche Zuchthausstrafe entschieden haben, so ist Das immerhin schon eine hoch anzuschlagende Abkürzung in Vergleich zu Dem was bisher fast in allen Gesetzbüchern bestimmt war, um so mehr als jene längste Strafdauer durch bedingte Freilassung auf die Hälfte soll ermäßigt werden können, sobald es verdient ist. Je seltner es daran fehlen wird, sofern die Haftweise selbst es nicht verhindert, desto weniger wird es nöthig sein durchaus an der Herabsetzung des maximum auf 10 Jahre festzuhalten, die jedenfalls allen Abschreckungsmännern ein Stein des Anstoßes sein würde.

Nirgends ist in dem Entwurf die Rede von jenen planmäßigen, nach bestimmten Zwischenräumen sich wiederholenden, Quälereien der Dunkelhaft, Hungerkost 2c., durch deren Zuerkennung, unter dem Namen der Strafschärfungen, in der Mehrzahl der deutschen-Staaten den Richtern das Recht eingeräumt war die Gesund-

*) In diesem Sinn mag man es gelten lassen, wenn der Minister des Inneren für die zeitlichen Freiheitstrafen besondere Zwecke anzunehmen scheint, und zwar solche, die, als die einzig rechtlich begründeten, bei allen Strafen ins Auge gefaßt werden sollten!

heit der Sträflinge zu Grunde zu richten; besser freilich hätte man ausdrücklich gesagt, daß man sie nicht ferner dulden will und ebensowenig die Mißhandlung durch Ketten oder durch andere Rohheiten, die bisher unter dem Namen der Haus- oder Ordnungsstrafen verübt wurden. Dahin gehören nicht etwa bloß die Stockprügel, gleichviel ob vom Büttel oder von der preußischen „Prügelmaschine" ausgetheilt, sondern vor Allem die an teuflischer Ausklügelung mit allen Folterqualen wetteifernde Schändlichkeit der sog. Lattenkammern, die glücklicher Weise nur in Preußen und Sachsen Eingang gefunden hatte und für die es nur etwa in dem badischen „Strafstuhl" (!) eine Art von Gegenstück gibt, das, trotz seiner entschiedensten Verurtheilung durch alle urtheilsfähigen und sachkundigen Männer, noch immer seiner Verweisung in eine Sammlung alter Folterwerkzeuge entgegensieht.

2) Der ganze Sinn der bedingten Freilassung (wie §. 19 sie vorschlägt) liegt darin, daß sie eine sehr bedeutende Abkürzung der Haft ermöglicht, somit alle die zahlreichen Vortheile gewährt, die sich an jene knüpfen, ohne darum die großen Gefahren der meisten unbedingten Begnadigungen mit sich zu führen; daß sie vielmehr durch eine stete und sorgfältige Ueberwachung der Entlassenen von Seiten bestimmter Schutzaufseher (Patrone) für die Sicherstellung der während der Haft erreichten Erfolge, sowie für die allmähliche Wiedereinführung und Eingewöhnung in das Leben der freien Gesellschaft, sammt allen davon unzertrennlichen Prüfungen und Versuchungen, auf die natürlichste Weise alle jene Bedingungen beschafft, die man vergebens gesucht hat in einem so oder anders gestalteten unverzeihlichen Wiederzusammenbringen mit Mitgefangenen, und neuerdings namentlich in Gestalt der vielgepriesenen sog: (irischen) Zwischenanstalten.*)

*) Für das ganze grundirrige gekünstelte irländische Herumexperimentiren an den Sträflingen, in allen seinen Wandlungen, haben dessen deutsche Lobhudler sogar einen leitenden Gedanken und bestechenden Titel „des Progressivsystems" zu erfinden verstanden, ohne jedoch bisher im Stande gewesen zu sein, den vorlängst von mir (in der 4. Abh. meines „Strafvollzugs" 1863) eingehend geführten Nachweis der völligen Halt- und Grundsatzlosigkeit desselben zu entkräften.

Vollkommen gute Früchte wird indeß die vorläufige Entlassung, nach Ablauf etwa der halben Strafzeit, nur unter der Voraussetzung tragen:

a) daß eine zweckmäßig beschaffene Gesammtbehandlung der Sträflinge auf der Grundlage durchgehender Absonderung Derselben von Einander vorausgegangen ist, und zwar

b) während einer nicht zu kurzen Zeit. Nach aller Erfahrung ist nämlich in der Regel nur bei einer mindestens zweijährigen Dauer der Einzelhaft mit größter Wahrscheinlichkeit anzunehmen, daß dieselbe für eine probhaltige Umstimmung des verbrecherischen Willens Wesentliches geleistet haben werde, besonders bei Dieben; es sollte daher nur den zu wenigstens vier Jahren Verurtheilten (also nicht der großen Mehrzahl der Diebe) bedingte Freilassung nach der halben Strafzeit (den zu drei Jahren Verurtheilten nur nach $^2/_3$ derselben) zu Theil werden.

c) daß man nicht von der sog. „guten Führung" während der Haft Alles abhängig mache, d. h. von einem streng hausordnungsgemäßen äußeren Verhalten; denn die Erfahrung lehrt, daß gerade die am Schwersten zu Bessernden, die Gewohnheitverbrecher, so klug sind, es daran nur selten fehlen zu lassen, ohne daß man aber daraus auch nur entfernt auf ihre ernstliche innere Umkehr zum Guten schließen dürfte. Ganz anders steht es mit der guten Aufführung während der bedingten Entlassung, da jene nur höchst selten aus Heuchelei stammen wird, obwohl das über den so Entlassenen schwebende Damoklesschwert der Wiedereinziehung hier, wo sie wissen, daß man sie beständig im Auge behält, sicher nicht wenig zur Bestärkung in ihren guten Vorsätzen beiträgt, ja, wie sich in Sachsen gezeigt hat, meist auch bei Solchen seine Wirkung thut, die vor ihrer Entlassung allen Gefahren des Wechselverderbs preisgegeben waren, indem man sie mit andern Verbrechern, sei es vermeintlich gleicher (in derselben „Klasse" mit ihnen befindlichen), sei es ungleicher Art, zusammengepfercht hatte.

Die bedingte Entlassung selbst, sowie deren Widerruf, falls der Entlassene die Prüfung, der man ihn durch jene unterworfen, nicht bestand, darf natürlicher Weise nicht, wie §. 21 will, durch irgend eine Verwaltungsbehörde beschlossen werden, unter deren

Aufsicht die Strafanstaltverwaltung steht, sondern nur im Wege Rechtens durch das nämliche Gericht, welches das erste vorläufige Urtheil gefällt hat, das nun nur näher bestimmt, beziehungsweise ergänzt und berichtigt, so aber endgültig festgestellt wird. Wie sich von selbst versteht, wird darauf das Gutachten des Vorstandes der betreffenden Strafanstalt, sowie unter Umständen (namentlich bei Meinungsverschiedenheit) auch einiger oder aller übrigen daran Angestellten, deßgleichen auf den Beschluß über einen Widerruf das Gutachten des dem Entlassenen bestellten Schutzaufsehers (Patrons), den größten Einfluß haben müssen, wenn es auch vielleicht nicht räthlich erscheint, Denselben geradezu Sitz und Stimme im Gericht selbst zu geben, weil hierdurch, vorzüglich gegenüber den andern Beamten der Strafanstalt, die doch nicht alle zugezogen werden können, die Ansicht des Direktors leicht ein ungerechtfertigtes Uebergewicht bekommen könnte. Wird erst nach Ablauf der Beurlaubungszeit das schlechte Betragen während derselben bekannt, so kann man zwar sagen, daß buchstäblich nicht mehr von einem Widerruf der Beurlaubung die Rede sein könne, aber der richterlichen Feststellung der Nichterfüllung der Bedingung des Wohlverhaltens und der Zuerkennung entweder der ganzen dafür vorausbestimmten Rechtsfolge oder eines Theils derselben, oder vielleicht auch, falls das Versprechen durch ein Verbrechen gebrochen war, einer längeren Strafe, kann Dieß keinesfalls im Wege stehen, wenn anders nicht das wahre Recht einem kahlen Formalismus geopfert werden soll, wie dazu die Fassung des §. 21 führen würde. Daß in den Fällen, wo sog. Einschließung am Platz ist, die bedingte Freilassung es ebendarum nicht sein kann, hat man richtig empfunden: nur hätte man, damit der vorhandene Unterschied nicht gar noch zum Nachtheil der „Eingeschlossenen“ ausschlage, die Diesen zugedachte Strafzeit folgerechter Weise unbedingt auf die Hälfte herabsetzen sollen, wie es bei Andern bedingt geschieht.

Zufolge der Bestimmung des Schlußsatzes von §. 20 ist, im Fall des Widerrufs der Beurlaubung, die seit dem Eintritt dieser abgelaufene Zwischenzeit auf die zuerkannte Gesammtdauer nicht einzurechnen. In demselben Geist sollten auch alle solchen Tage nicht eingerechnet werden, an denen ein Sträfling Hausordnungsstrafen abzubüßen hatte. Wäre es wirklich nöthig, wie es §. 20 thut, den Fall „des Zuwiderhandelns gegen die bei der Entlassung auferlegten Verpflichtungen" noch besonders hervorzuheben, obgleich er doch gewiß keinen Gegensatz zur „schlechten Führung" bezeichnen soll, so müßte er an diese nicht mit einem „oder," sondern mit einem: „wozu auch das Zuwiderhandeln —— gehört", angeknüpft werden.

Schon früh hatte ich mich entschieden dafür ausgesprochen,*) daß die Einzelhaft nicht bloß auf dem Verwaltungswege, sondern gesetzlich, geregelt werden müsse. Wer die unermeßliche sittliche und rechtliche Bedeutung dieser „Art der Strafvollstreckung" für den Staat nicht minder als für die Sträflinge begriffen hat, kann daran keinen Augenblick zweifeln. Namentlich dürften auch einige gesetzlichen Bestimmungen über die Arbeiten der Sträflinge schlechterdings nicht fehlen**). Deren Verwendung zu sog. Außenarbeiten hat, wenigstens falls sie so eingerichtet werden kann, daß sie nicht eine fortwährende Schaustellung mit sich führt, in gewisser Hinsicht bisweilen Etwas vor den Arbeitsälen voraus, solange man noch nicht die Unzulässigkeit jedes Zusammenseins Gefangener eingesehen hat: denn Dieses wird ihnen fast nothwendig verderblich, dahingegen unter Umständen für sie das Zusammenarbeiten mit freien Arbeitern ganz ersprießlich sein kann. Dieß ist gänzlich verkannt worden, wenn §. 12 zu Ende Gewicht darauf legt, daß die Sträflinge von Solchen „getrennt gehalten werden können!" Ganz unverständlich ist der Unterschied „öffentliche oder von einer Staatsbehörde beaufsichtigte Arbeiten," da es natürlich bei keiner Art von Gefangenarbeiten an einer solchen Beaufsichtigung fehlen darf; ebenso die besondere Bedeutung der, wie es scheint, als ein Unterscheid-

*) Nämlich am Frankfurter Wohlthätigkeitkongreß 1857. S. Röder „Strafvollzug" S. 91 ff. Ebenso Holtzendorff, Mittermaier, endlich auch das preußische Abgeordnetenhaus.

**) Ich muß mich hier darauf beschränken, auf menie Schrift: „Der Strafvollzug" zu verweisen, wo — (S. 277 ff.) in einer besondern Abhandlung (Nr. 9): „Gesichtpunkte zur rechtlichen Würdigung der Gefangenarbeiten" — zum ersten Mal diese hochwichtige Rechtsfrage von allen Seiten erörtert worden ist.

ungsmerkmal der „Einschließung“ in §. 13 erwähnten „Beaufsichtigung der Beschäftigung und Lebensweise der Gefangenen.“ Im §. 14 würde aus der Fassung: „können — daselbst beschäftigt werden“ durch das argumentum a contrario folgen, daß man sie auch müßig sitzen lassen oder „auf eine ihren Fähigkeiten oder Verhältnissen“ nicht „angemessene“ Weise beschäftigen könne! — Will man unter „Einschließen“ (wie unter „Gefangenanstalt“) nun einmal, freilich wider den Sprachgebrauch, etwas Absonderliches verstehen, so darf man es nicht, wie hier geschieht, zugleich für jede Einsperrung brauchen. — Der Schlußsatz des §. 15 müßte lauten: „Die Dauer einer Freiheitstrafe darf nicht nach kürzeren Zeitfristen als nach Tagen bemessen werden,“ ähnlich dem 1. Satz des §. 23, oder wie im preuß. Straf-Ges.-B. §. 15, sonst kann man erst aus dem Vorangehenden abnehmen, daß Freiheitstrafen auch „nach Wochen, Monaten oder Jahren“ bestimmt werden können, nicht aber „nur nach Tagen.“

Im §. 17 erhellt aus dem unglücklichen Ausdruck: „Zuchthausstrafe und Gefängnißstrafe können — — in Einzelhaft vollstreckt werden,“ daß es lediglich dem Belieben — ob des Richters (wie in Holland) oder des Strafanstaltvorstandes? wird unbegreiflicher Weise nicht gesagt — anheimgestellt werde: ob die Sträflinge der verderblichen Gemeinschaft preiszugeben seien oder nicht, und zwar entweder für die ganze Strafzeit oder für einen Theil derselben! Ob Ebendieß auch von den der Einschließung Unterworfenen gelten soll, erfährt man nicht. Unseres Erachtens haben alle Gefangenen ein heiliges Recht, nicht durch Zusammensperrung von Staatswegen sittlich zu Grunde gerichtet zu werden. Der §. 18 würde kürzer und richtiger gefaßt sein, wenn an den ersten Satz die Worte sich anschlössen: „sofern nicht nach deren Ablauf der Sträfling freiwillig für ihre Fortdauer sich entscheidet.“ So verkehrt es auch an sich ist, eine besondere längste Dauer für die Einzelhaft festzusetzen, wenn auch nur für den Fall, daß nicht die Sträflinge selber deren Verlängerung vorziehen, so machen Diese doch erfahrungsmäßig beinahe immer von diesem Wahlrecht einen so guten Gebrauch, daß dadurch jene Verkehrtheit des Gesetzes unschädlich wird. Mit Recht will man den Züchtlingen nicht (wie z. B. im preuß. Straf=G.=B. §. 11) jede Verfügung über ihr Vermögen wehren, sie also nicht auch in dieser Hinsicht entmündigen. Von selbst versteht sich freilich, daß die Verfügung den Strafzweck nicht beeinträchtigen darf, worüber zunächst der Vorstand der Strafanstalt zu wachen, im Fall der Beschwerde aber das Gericht zu entscheiden haben muß. Wozu, nach §. 20, noch der Schlußsatz des §. 22 dienen soll, ist nicht abzusehen. Der 4. Absatz des §. 23: „Wenn 2c. 2c." ist überaus breit gefaßt. Im 1. Satz des §. 24 sind nach „Gesetz" die Worte: „dem Richter" nöthig, wenn, wie aus §. 18 erhellt, mitunter auch dem Sträfling ein Wahlrecht zugestanden werden soll. - Auch der 1. Satz des §. 25 ist sehr schwerfällig und weitläufig gefaßt.

III. Geldstrafen, die bis zu 2000 Thalern gehen, sind Nichts denn schlecht versteckte Vermögenseinziehungen! Ueberhaupt macht sich noch sehr ein Geist der Fiskalität bemerklich, ein Hang das Geld zu nehmen wo man es findet, der überaus unangenehm an den Code pénal erinnert und mit den Ansichten unserer Zeit durchaus nicht übereinstimmt. Wie man, aller Folgerichtigkeit zuwider, nach Abschaffung der Schuldhaft noch Gefängnißstrafe bis zu zwei Jahren empfehlen kann für den Fall, daß eine Geldstrafe nicht beizutreiben ist (§. 23), läßt sich schwer begreifen. Wie eitel die sog. Rechtsgleichheit aller Bürger ist, tritt durch eine solche Geltendmachung des: quod quis non habet in aere, luat in corpore — doch gar zu grell ins Licht, und Jedermann wird einsehen, daß, wenn auch der Strenge nach eine Verpflichtung besteht zum wirklichen allmählichen Abverdienen einer nicht übermäßigen Geldstrafe, doch das bloß scheinbare Abverdienen mittels Einsperrung dafür nie einen Ersatz bieten kann. Die Einsperrung muß jederzeit an sich gerechtfertigt sein, z. B. bei dem übermüthigen Reichen, der der Geldstrafe spotten würde, wenn anders sie nicht das deutliche Gepräge einer Bestrafung der Armuth tragen soll. — Der von Geldstrafen redende §. 23 gehörte natürlich nicht mitten unter die Freiheitstrafen, sondern vor den §. 32. Dieser letztere, sprachwidrig und zweideutig abgefaßte § müßte etwa lauten: „Der Betrag von Geldstrafen kann aus dem Nachlaß — — nur dann erhoben werden 2c." und: „Die Einziehung — — kann auch noch — — —

und an — —". Die zwei ersten Sätze des §. 31 würden besser in den einen zusammengezogen: „Die Einziehung findet nur an einzelen Gegenständen statt, die entweder Werke oder den Thätern gehörige Werkzeuge des Verbrechens waren." Nach der ganz allgemeinen Ausdruckweise des dritten Satzes: „vorfindliche (sprachrichtig: vorgefundene) Stücke und Formen" — müßten auch die Typen vernichtet werden, mit denen eine Schmähschrift gedruckt worden ist.

IV. Ueber den Verlust der bürgerlichen Ehrenrechte (§. 25—30) sei nur Folgendes bemerkt. Die hier einschlagenden Bestimmungen verrathen wenigstens zum Theil die Einsicht: daß der Gesetzgeber die Begriffe von Ehre und Schande nicht in seiner Gewalt hat und Beides immer schon von selbst das Thun und Lassen eines Jeden begleitet, ganz abgesehen von den Rechtsfolgen, die der Staat hieran geknüpft hat. Uebrigens war es wohl gethan, nicht schon ipso jure mit gewissen Verbrechen oder Verurtheilungen den Verlust der sog. Ehrenrechte zu verbinden, und insbesondere die Härte aufzugeben, mit der bisher, auch in Preußen, sogar jede Zuchthausstrafe von Rechtswegen lebenslange Ehrlosigkeit nach sich zog, auf die widersinnige sachwidrige Rechtsdichtung hin, daß alle Züchtlinge, und nur sie, Entehrendes begangen, aus niedrigen Beweggründen gehandelt hätten, also grundschlechte Menschen sein müßten. Man kann sich nicht einmal auf das alte Volksvorurtheil berufen für eine solche gewaltsame Gleichmacherei auch des Ungleichartigsten, da ein zutreffendes Urtheil immer doch nur nach der Individualität der That und des Thäters möglich ist; denn jenes Volksvorurtheil, das ohnehin Alle traf, die „gesessen hatten", ist längst verschwunden, zumal seitdem es Zuchthäuser gegeben hat, deren Insassen mehr als zur Hälfte politische Verbrecher waren, und man wohl gar, wie in Baden, das Glück hatte in einem und demselben „Zellengefängniß" (wie das frühere „neue Männerzuchthaus" seitdem umgetauft ward) alle Züchtlinge zusammt den Arbeithaussträflingen unterbringen zu können, so daß nur noch in Kreis- und Ortsgefängnissen mitunter die Möglichkeit durchgängiger Absonderung der Gefangenen von Ihresgleichen fehlt.

In Halbheiten, Folgewidrigkeiten und Widersprüche verfiel aber der Entwurf nothwendig in Folge des Versuchs, eine besondere Dauer für den Verlust der Ehrenrechte (höchstens zehn Jahre) oder auch nur der Fähigkeit zu öffentlichen Aemtern (bis zu fünf Jahren) durch das Urtheil bestimmen zu lassen, noch über die festgesetzte Dauer der Freiheitstrafe hinaus. Sobald nämlich diese verbüßt (oder, was hier ebensoviel ist: verjährt oder erlassen) ist, dürfte folgerechter Weise der Staat nicht ferner dem Verurtheilten sein Vertrauen versagen, wenn anders er nicht in offenen Widerspruch mit sich selbst gerathen bezieh. Mißtrauen bezeigen will in die Wirksamkeit seiner eigenen Strafgesetze für Erreichung des einzig wahren Strafzwecks, — wozu er jedoch bis jetzt ohne Zweifel alle Ursache hat.

Warum gerade im Fall schwerer Kuppelei, des Meineides und vollends schwerer Erpressung, und nur dann, die bürgerlichen Ehrenrechte aberkannt werden müssen, ist nicht einzusehen, da es ebensogut z. B. für den Fall der Blutschande, der vorgespiegelten Trauung (§. 155) ꝛc. hätte bestimmt werden können. — Besondere Vertrauensbeweise aller Art setzen allerdings besonderes Vertrauen voraus; allein dahin gehört keinesfalls die Fähigkeit zum Zeugniß (eher schon die zum Gutachten als Sachverständiger), die Niemanden abgesprochen werden kann, der nicht, wie der Meineidige und der Betrüger, alle Glaubwürdigkeit verscherzt hat, auch nicht dem Züchtling schon als solchem. Mit Recht ist daher auch diese verkehrte Bestimmung des preuß. Straf-G.-B. beseitigt worden; folgewidriger und ungerechter Weise hat man aber an den Meineid, und an ihn allein, die Aberkennung dieser Fähigkeit auf Lebenszeit geknüpft (§. 134). Oeffentliche Aemter müssen zwar durch die Verurtheilung zu schweren Strafen verloren gehen und können nach deren Verbüßung nicht schon von selbst wieder erworben werden; anders sollte es aber mit der Fähigkeit zu diesem Wiedererwerb sein, die vollends niemals (wie z. B. §. 300 geschieht) für alle Zukunft abgeschnitten werden dürfte. Eine ganz andere Frage ist freilich die, ob im einzelen Fall eine Wiederanstellung für unbedenklich und verdient gehalten wird. Sofern diese von den Mitbürgern, z. B. von einer Gemeinde, abhängt, versteht sich von selbst, daß Denselben so wenig in diesem Stück wie in andern Dingen

Vertrauen befohlen werden kann und daß sie, wenigstens noch zur Zeit, in der Regel allen Grund zum Mißtrauen in die entlassenen Sträflinge haben werden.

Ererbter Adel ist vom Staat und seinen Behörden durchaus unabhängig, kann also von ihnen ebensowenig entzogen werden als sie ihn ertheilt haben, d. h. den Familiennamen zu dem er wesentlich gehört. Jeder Versuch des Gegentheils verwickelt darum allerseits in unlösbare Widersprüche und offenbare Ungerechtigkeiten. An den Familiennamen knüpfen sich überdieß bisweilen, aus Familienstiftungen, die mit dem Staat Nichts zu thun haben, Vermögensvortheile; Standesvorrechte hingegen, auf deren Verlust erkannt werden könnte, bestehen heute nicht mehr. Auch ist eine besondere Ehre, die ein besonderes Verdienst voraussetzt, ohnehin mit dem Erbadel nicht verbunden; anders, wenigstens nach dem noch herrschenden Vorurtheil, beim sog. Personaladel, der durch manche Orden erworben zu werden pflegt und mit ihnen ohne Zweifel auch wieder genommen werden kann.

Eine in dem Entwurf ziemlich folgerecht durchgeführte Rechtsdichtung geht dahin, daß der fast rechtlose Zustand, in den die Kriegsknechtschaft versetzt*), noch gar als eine Ehre gelten müsse. Wenn nach Montesquieu eine gewisse scheinbare Ehre überhaupt als das Prinzip der Monarchie zu betrachten ist, so trägt diese Art der Gattung jedenfalls deutlich das Gepräge der Militärmonarchie. Diese Ehre ruht aber offenbar auf ungleich schwächeren Grundlagen als die gerade entgegengesetzte russische Rechtsansicht, wonach man, wie es auch in Deutschland bis gegen den Anfang unseres Jahrhunderts vielfach der Fall war, und in Oesterreich noch länger, „zur Strafe unter die Soldaten gesteckt (assentirt) ward". Daß die ungeheure Mehrheit der preußischen Bevölkerung eine solche sehr zweideutige Ehre ganz im russischen Licht

*) Vgl. meinen Aufsatz: „Die Kriegsknechtschaft unserer Zeit und die Wehrverfassung der Zukunft" in der „deutschen Vierteljahrschrift" 1868, 3. Heft, S. 146 ff. und meine Festrede im freien deutschen Hochstift „über den entscheidenden Einfluß richtiger Begriffe von Recht, Staat und Gesellschaft auf die Lösung der wichtigsten Zeitfragen." 1869, S. 5 ff.

sieht, wird unwidersprechlich bewiesen durch den fortwährend anschwellenden Strom der militärflüchtigen Auswanderer, die man darum vergeblich zu Feiglingen zu stempeln versucht hat, sodann durch die Unzahl von Bestechungen, um der Ehre zu entgehen, Mitglied des „herrlichen Kriegsheers" zu sein und morgen oder übermorgen von Neuem in den Bruderkrieg getrieben zu werden.

Ebenso unverständlich ist es gewiß für Jeden, der sich seinen ehrlichen deutschen Namen nicht nehmen lassen will, daß es nach dem Entwurf, der natürlich die deutschen Farben nicht mehr kennt, für eine wirkliche Ehre gelten soll nicht mehr der deutschen Nation anzugehören, sondern einer bisher unbekannten preußischen, waldeckischen oder gar norddeutschen Nation, oder richtiger: sich als einen Angehörigen dieser neugebackenen Nationen zu bekennen durch ein äußeres Abzeichen am Hut (eine „Landeskokarde", wenn nicht durch die in Berlin erfundene schwarzweißrothe Bundesfarbe, als Uebergang zur schwarz-weißen), denn nur die „Ausübung" dieses letzteren wichtigen „Rechts" kann durch die allgemeine richterliche Aberkennung der bürgerlichen Ehrenrechte mit verloren gehen. Difficile est satiram non scribere!

Für den Fall, daß Einem von mehren gleich Mitschuldigen im Inland die bürgerlichen Ehrenrechte aberkannt worden sind, einem Andern im Ausland aber **nicht**, möchte man bei dessen Rückkehr ins Inland diese Aberkennung nachholen; allein der Mißstand einer allerdings unleugbaren formalen Ungleichheit, auf den man sich hier beruft um eine Verletzung des „ne bis in idem" zu entschuldigen, kann für einen hinreichenden Grund schon darum nicht gelten, weil er **zuviel** beweisen würde. — Es hält schwer zu errathen, was der logisch und sprachlich überaus unglücklich gefaßte §. 30 sagen will. Zu Anfang desselben müßte es heißen: „Jede Verurtheilung zur Zuchthausstrafe zieht, auch wenn mit ihr nicht der Verlust **aller** bürgerlichen Ehrenrechte verbunden wird, doch die Unfähigkeit zur Bekleidung öffentlicher Aemter rc. nach sich" — da diese Unfähigkeit nicht einen Gegensatz zum Verlust der Ehrenrechte ausdrückt, sondern nur eine species des genus ist. Durchaus unklar ist der Schlußsatz des §., besonders das „**ihre Dauer**", „**letztere**" und „**sie**" (die Unfähigkeit? die Rechtskraft? die Freiheitstrafe?). Welche heillose Gesetzessprache! — Auch das Wort „dauernden“ sollte wegfallen.

Zweiter Abschnitt: Von dem Versuch.

Um über den Versuch der Verbrechen das Rechte festsetzen zu können, ist natürlich vorausgesetzt die richtige Feststellung des Begriffs der Vollendung. Schon der flüchtigste Blick zeigt aber, wie wenig der Entwurf hierbei grundsätzlich und folgerichtig verfahren, wie wenig er in diesem höchst wichtigen Stück vor andern Strafgesetzgebungen voraus hat, und wie ängstlich er, um nur nicht der Gefahr scharfer Begriffbestimmungen ausgesetzt zu sein, sogar die in Wissenschaft und Leben geläufigsten Namen gewisser Verbrechen vermieden hat. Folgerecht muß streng unterschieden werden der Fall, wo der Verbrecher schon Alles gethan hat was an ihm war, um sein verbrecherisches Ziel zu erreichen (perfectum delictum), oder wo noch nicht (wahrer Versuch). In jenem ersten Fall kann es auch nicht den geringsten Unterschied machen für die Strafwürdigkeit, d. h. die Gefährlichkeit und Zuchtbedürftigkeit, des Verbrechers, ob er sein Ziel — den beabsichtigten Erfolg — wirklich erreicht, oder ob er es wider seinen Willen, durch bloßen glücklichen Zufall, dennoch verfehlt hat (sog. délit manqué). Ohne allen rechtlichen Grund und ohne jede Spur von Folgerichtigkeit spricht man daher wieder bei manchen, obwohl bei den wenigsten, Verbrechen, falls Ersteres eintritt und nur dann, von delictum consummatum oder vollbrachter That, falls Letzteres eintritt, also das perfectum delictum der Römer vorhanden ist, nur von „vollendetem Versuch.“ Bei den meisten Verbrechen hingegen sieht man richtig ein, daß, wenn der Verbrecher alles ihm Mögliche gethan hat um seinen rechtswidrigen Willen zu vollführen, seine Strafwürdigkeit auf der höchstmöglichen Stufe steht und durch den reinen Zufall des Erfolgs oder Nichterfolgs weder gesteigert noch verringert werden kann, m. a. W. daß perfectum und consummatum delictum Eines und Dasselbe sind. Wenn also der Code pénal beide in keinem Fall eines Verbrechens unterscheidet, sondern sie auf ganz gleiche Weise straft, so ist Dieß streng richtig, völlig falsch und ungerecht hingegen, zudem der deutschen Ansicht und Uebung geradezu entgegengesetzt, ist es, wenn er darüber hinausgeht und sogar den wahren Versuch ebenso straft wie den unwahren, fälschlich sog. beendeten, nämlich das perfectum delictum. Da ihm nun das preußische Strafgesetzbuch hier sowohl im Guten als im Bösen blindlings gefolgt ist, so hätte der Entwurf unterscheiden sollen, anstatt in den gerade umgekehrten Fehler zu fallen.

Nicht ohne Grund hält man es allerdings wenigstens bei leichteren Vergehen (délits), und vollends bei bloßen Polizeivergehen (contraventions), für das kleinere Uebel, um nicht auf Kosten der bürgerlichen Freiheit in endlose kleinlichen Untersuchungen zu verwickeln, lieber mit vollem Bewußtsein die strenge Durchführung der Grundsätze aufzugeben und durch die Finger zu sehen, indem man den eigentlichen Versuch gar nicht straft und sogar Vollendung erst dann als vorhanden annimmt, d. h. erdichtet, wenn schlimmer Erfolg eingetreten ist, die bloße Fahrlässigkeit aber in der Regel ganz straflos läßt, wenn sie keine üblen Folgen gehabt hat, in der Unterstellung zu Gunsten des Handelnden, daß sie in diesem Fall wohl nicht gar groß gewesen sein müsse. Sonach läßt man in den ebengenannten Fällen auch dem unrechtlich oder sogar widerrechtlich Handelnden an dem, seinerseits freilich ganz unverdienten, Glück des guten Ausgangs einen Antheil zu Gut kommen. Daß auch der Entwurf von ähnlichen Betrachtungen sich bestimmen ließ, muß, nach der Bezugnahme der Motive S. 85 auf eine ähnliche Bemerkung Rossi's, angenommen werden, und ebendahin ist auch die ausgesprochene Straflosigkeit des Gehülfen und Begünstigers bei bloßen Uebertretungen (§. 342) zu rechnen. Daß man aber in einzelen besonders bedenklichen Fällen von Vergehen und groben Fahrlässigkeiten doch die Grundsätze festhielt und, dort wie hier, auch dann strafen will, wenn es an Vollendung oder Erfolg fehlt, ist nur zu billigen, obwohl man verschiedener Ansicht darüber sein kann, wie weit man in dieser Hinsicht zu gehen habe.

Ohne Zweifel geht man jedoch weit hinaus über die Beweiskraft des vorhin erwähnten Grundes für eine solche Begünstigung und verfällt in den ebensowenig zu entschuldigenden Fehler unverdienter Nachsicht oder aber Härte wenn man:

1) auch bei solchen eigentlichen Verbrechen, wo eine höchst rechtswidrige gefährliche Gesinnung sich ganz vollständig und unzweideutig kundgegeben hat, die Rechtsdichtung eintreten lassen will, daß Dieß noch nicht geschehen sei, und wenn man demgemäß eine geringere Strafwürdigkeit als vorhanden annimmt, sobald lediglich durch ein glückliches Ohngefähr, wider Willen des Thäters, also ganz ohne sein Verdienst, der gewollte Erfolg vereitelt ward.

2) Ebenso wenn man, freilich höchst folgewidrig, mittels der gerade umgekehrten Rechtsdichtung, jeden üblen Ausgang dem Handelnden auch dann, als von ihm gewollt, unterschieben und ihn dafür bestrafen wollte, wenn jener äußere Erfolg bloß durch naturgesetzliche Verursachung herbeigeführt war, also durch Umstände die von seinem Willen ganz unabhängig waren, und wozu er höchstens vielleicht schuldig ist durch sein Handeln die Veranlassung gegeben zu haben, z. B. wenn der Tod oder schwere Verletzung erfolgte aus Schlägereien, aus Stiftung von Brand oder Ueberschwemmung (sei es dolo oder culpa), durch Aussetzung, Zweikampf u. s. f. In diesem letzten Fall wird z. B. §. 179 mit großer Härte der unbeabsichtigte schlimme Ausgang dem beabsichtigten nahezu gleichgestellt.

Folgende sind die Hauptfälle, in denen auch nach dem Entwurf, wie ziemlich ohne Ausnahme in allen Gesetzgebungen, im Einklang mit den richtigen Grundsätzen, das Verbrechen als vollendet gilt ohne Unterschied ob der Erfolg, auf den es gerichtet war, zufällig eintritt oder ausbleibt, sobald nur der vollendet widerrechtliche Wille sich unverkennbar offenbart hat, sei es durch eigentliche Thaten oder bisweilen auch nur durch Worte: gefährliche Verabredungen oder Drohungen, wörtliche oder thätliche Beleidigungen, Gotteslästerung, falsche Eidesaussagen, Verbrechensbeschuldigungen, Nachreden, rechtswidrige Vorspiegelungen z. B. durch Kindesunterschiebung, Amtsanmaßung („unbefugt — sich befaßt"), Gebrauch falscher Urkunden, Münzen, Maße und Gewichte, allerlei andere Fälschungen (auch von Wahlen und Stimmen), Veruntreuungen, Amtspflichtwidrigkeiten und Verleitung dazu (§. 313), Unterschlagungen, unbefugtes Oeffnen von Briefen, Urkunden, Packeten, Hochverrath, Widersetzlichkeit, Aufruhr, Entführung, Hehlerei, Zweikampf, Ausrichten einer Herausforderung oder ihrer Annahme, Beibringen von Gift, unbefugtes Veräußern und Gebrauchen von Sachen oder Ausüben der Jagd (aber nicht mehr des Fischens und Krebsens, wie im preußischen Gesetzbuche), Stören des Gottesdienstes, Bahn- oder Telegraphenbetriebs 2c., Davonlaufen von Schiffleuten und Soldaten, Einsperren, Eindringen in eine Wohnung u. s. w.

Ebendahin werden nach der muthmaßlichen Absicht des Entwurfs wohl auch folgende Fälle zu rechnen sein, bei denen man freilich, wenigstens dem Wortlaut nach, der das bloße „Unternehmen" für hinreichend sogar zur Vollendung erklärt, mitunter fast glauben muß, es sei zu dieser nicht einmal die Kundgebung eines vollendet bösen Willens nöthig, es könne also überhaupt von keinerlei selbständigem Versuch der fraglichen Verbrechen mehr die Rede sein, so gewiß auch ein solches Hintansetzen aller Grundsätze nach Art des Code von den bedenklichsten Folgen und keinesfalls streng durchzuführen sein würde. Vgl. besonders §. 42; 69 und 70; 87; 95; 101; 103; 105—108; 212; 213; 230, — wo es heißt: „Wer — zu bestimmen sucht" — Wer es unternimmt" — „Wer zwingt oder zu zwingen sucht" — oder §. 112: „Wer aufzureizen sucht." — §. 113 (der Sache nach) „Wer — verächtlich zu machen sucht" — §. 139: „Wer zu falschem Eide zu verleiten sucht" — §. 157: „Wer zur Unzucht Vorschub leistet" (d. h. kuppelt) — §. 111: „Wer sich mit Andern verbindet um — zu verhindern" — §. 174: die bloße „Herausforderung und Annahme", während bei der „Anreizung" zum Zweikampf der Zweck erreicht sein muß (§. 184) — §. 335: „Wer verleitet oder zu verleiten sucht." Dagegen bleibt es unklar beim Verleiten und Helfen zur Desertion (§. 123), ob nicht auch hier zur Vollendung wirklich erfolgte Desertion vorausgesetzt ist, da sich sonst nicht absehen ließe, worin der Versuch bestehen sollte, dessen Strafbarkeit doch, wie bei manchen andern Vergehen (z. B. bei Unterschlagung, wo man ihn bisher oft für unmöglich erklärt hat) besonders hervorgehoben wird. Ausdrücklich gesagt wird (§. 93) „bei Aufforderung von Soldaten zum Ungehorsam," daß Erfolg nicht nöthig sei, während man bei Aufforderung zum Ungehorsam gegen Gesetz und Obrigkeit durch Schriften wohl das Gegentheil wird annehmen müssen, weil unmittelbar vorher der §. 92 darüber ganz schweigt, im Unterschied von §. 42. Zur Strafbarkeit der „Nichtanzeige beabsichtigter Desertion" (§. 124) und der „Selbstverstümmelung um sich der (sog.) Wehrpflicht zu entziehen" (§. 125) wird die erfolgte Desertion, bezieh. Verstümmelung gefordert; hingegen wird man bei der „Täuschung um sich der Wehrpflicht zu entziehen" (§. 126) wieder im Zweifel gelassen, ob die Täuschung gelungen sein muß, ähnlich wie §. 237, wo „Erregen von Irrthum" gefordert wird, also offenbar, falls Dieß mißlingt, nur Versuch angenommen werden soll (§. 238), obwohl das Hervorbringen der gewollten Wirkung hier, wie bei der Anstiftung, etwas vom Willen des Handelnden ganz Unabhängiges ist. Ebenso fordert zwar §. 191 Abs. 1, für den Fall daß die Schwangere selbst handelt, daß die Abtreibung oder Tödtung im Mutterleibe (!) wirklich erfolgt sei; aus der undeutlichen Fassung des 2. Absatzes aber ist nicht ersichtlich, ob, wenn ein Anderer mit ihrer Einwilligung „die Mittel angewandt oder verabreicht hat", Dieß genügen soll, auch wenn die Wirkung ausbleibt. Nicht minder bleibt man im Zweifel, ob Zweckerreichung vorausgesetzt sei bei dem „Verleiten zum Beischlaf", wovon §. 155 und 159, bei dem „Verleiten zur Vornahme unzüchtiger Handlungen", wovon §. 154 spricht, obwohl letzterer Ausdruck, der ebenfalls §. 151 und 152 vorkömmt, ja sogar das „Mißbrauchen" (§. 152) auch anders gedeutet werden könnte als der klare §. 150. Deßgleichen bleibt ungewiß, ob im §. 152 nur Nothzucht gemeint sei und ob zur Vollendung des Ehebruchs (§. 148), und vollends der Bigamie (§. 149) (wo es heißen sollte: „scheinbar eine neue Ehe") — copula carnalis gefordert werde. Es sind Dieß lauter Unklarheiten, deren sich ein Gesetzbuch nicht schuldig machen darf!

Wie unklar die Verfasser sich über die Auffassung mancher Verbrechen waren, sofern man es aus ihrer Ausdruckweise abnehmen kann, zeigt sich auf besonders bedenkliche Weise beim Diebstahl und Raub; denn nicht bloß beim Diebstahl fordert §. 215 zur Vollendung „Wegnehmen", jedoch ohne alle nähere Bestimmung dieses bekanntlich sehr verschieden gedeuteten Worts, sondern ganz ebenso §. 227 sogar beim Raub, nur mit dem Unterschied, daß man dort, nicht aber hier, noch besonders auch von einem strafbaren

Versuch spricht. Hätte man ganz klar eingesehen, daß beim Raub überhaupt das „Wegnehmen“ völlig unwesentlich, daß vielmehr die Gewaltanwendung in Absicht der Entwendung das allein Entscheidende ist, so würde man hier jedenfalls bestimmt gesagt haben: „wegnimmt oder wegzunehmen sucht“, ebenso wie man es ganz richtig bei der Erpressung gesagt hat (§. 230), die doch mit dem Raub so nahe verwandt ist, daß sie sogar ganz mit ihm zusammenfällt, wenn sie durch unmittelbare schwere Bedrohung begangen wird (§. 232).

An die vorerwähnten Fälle schließen sich noch zahlreiche anderen Handlungen an, die schon an sich mehr oder minder gefährlich und mit der Rechtsordnung unverträglich, daher schon als solche — auch wenn gar keine weiter gehende böse Absicht damit verbunden ist — durchaus unstatthaft sind und eigentlich nur das Gepräge von schweren oder leichten Vergehen gegen die öffentliche Ordnung, beziehungsweise die Polizei, an sich tragen. So z. B. gefährliches Bauen (§. 204), Anzünden feuergefährlicher, Anhäufen oder Fortführen sprengkräftiger Stoffe, Bewirken von Ueberschwemmung, Schädigen oder Behindern der Benutzung von Eisenbahnen und Telegrafen, Schädigung oder Wegnahme der zur Sicherung der Schifffahrt, Unterlassung der zum Vermeiden von Zusammenstößen — nöthigen Zeichen; Beseitigung oder Verderb der Zeichen der öffentlichen Autorität oder öffentlicher Anschläge; Bildung bewaffneter Haufen; Eintritt in geheime Verbindungen; Veranstalten von Glückspielen; Entweichenlassen Gefangener. In den meisten dieser Fälle wird zwar auch ein widerrechtlicher oder doch unrechtlicher Wille, grobe Fahrlässigkeit, im Spiel sein. Ueber einige derselben später noch ein Paar Worte.

Bisweilen folgt der Entwurf dem Herkommen, das allen richtigen Grundsätzen zuwiderläuft, demgemäß über die Strafwürdigkeit der reine Zufall entscheiden soll, indem man nämlich erst im Gelingen der verbrecherischen Absicht den Abschluß ihrer Bethätigung, oder doch den vollen Beweis für dieselbe, zu sehen behauptet und demzufolge, anstatt Versuch und Vollendung des Verbrechens nur nach der Willensbethätigung selbst und dem Maß ihres Fortschreitens bis zur höchsten Stufe zu unterscheiden, (und nicht bloß beim eigentlichen Versuch, wie §. 38 will), vielmehr, wie oben schon bemerkt ward, noch äußeren Erfolg zur „vollbrachten That" verlangt, mithin nicht von der psychisch-ethischen, sondern von der rein naturgesetzlichen Verursachung Alles abhängig macht. Zu welchen widersinnigen Folgerungen. Dieß führt, tritt besonders zu Tage bei Mord und Todtschlag, denn hier soll z. B. der Irrthum in der Person, oder das Fehlgehen des Schusses, in Folge dessen der Unrechte getroffen wird, aus einem vollendeten Verbrechen deren mehre machen können, z. B. einen Vatermordversuch und eine kulpose (!) Tödtung; Abtreibung und Kindsmord sollen ferner nicht als vollendet gelten, wenn ein glückliches Geschick wollte, daß das abgetriebene Kind nicht unreif, sondern lebend und lebensfähig, oder umgekehrt das vermeintlich lebende, das umgebracht werden sollte, bereits vor der Geburt todt war. Geht ja doch die Weisheit mancher Strafrechtslehrer so weit, daß sie in dergleichen Bethätigungen eines vollendet rechtswidrigen und gefährlichen Willens nicht allein die Vollendung des Verbrechens leugnen, sondern sogar die Möglichkeit eines strafbaren Versuchs desselben, weil — es naturgesetzlich allerdings unmöglich ist, einen Todten zu tödten und weil, nach ihrer Logik, Was nicht vollführt werden kann, auch nicht einmal soll versucht werden können! — Aehnlich feine Unterscheidungen werden dann gemacht, wenn Jemand entweder Gift eingab, das aber im Magen durch Gegengift völlig unschädlich gemacht oder auch sofort wieder ausgebrochen ward, oder Zucker, in der Meinung, es sei Gift! — Keiner einzigen dieser und anderer Ungereimtheiten wird durch die Bestimmungen des Entwurfs ein Ende gemacht, wie er denn überhaupt den wissenschaftlichen Streitfragen, auch wenn sie von so einschneidender Bedeutung sind wie die eben erwähnten, sorgfältig aus dem Wege zu gehen pflegt. Schon die vielen vergeblichen Bemühungen, die Gränze zwischen den sog. tauglichen und untauglichen Versuchs-Handlungen (beziehungsweise Mitteln oder Gegenständen) zu finden, lehren augenscheinlich, wie eitel es ist, von bloßen äußerlichen Zufälligkeiten und Natursachen das Urtheil über die Strafbarkeit des Versuchs abhängig zu machen, wie wenig mithin auch für Vergiftung darauf ankommen kann, ob die beigebrachten Stoffe wirklich „geeignet sind" — sei es in abstracto oder in concreto — das Leben oder die Gesundheit zu zerstören. Gegenüber den Ausführungen der „wissenschaftlichen Deputation," die hier eben so schwach sind wie alle bisherigen Versuche, den Begriff des Gifts, sofern er ein strafrechtlicher ist, scharf zu bestimmen, sei bei dieser Gelegenheit bemerkt, daß eine solche Bestimmung nur in folgender Weise möglich ist, wie sich in zahlreichen Kriminalfällen seit mehr als 25 Jahren bewährt hat: „Gift ist jeder Stoff, der geeignet ist, sei es auf chemische oder dynamische (nicht aber auf mechanische) Weise Leben oder Gesundheit zu zerstören und zwar in einer Gabe, die heimlich beigebracht werden kann. Chemisch ist die Wirkung des Gifts, wenn sie ebensowohl beim todten als beim lebenden Körper stattfindet (wie z. B. bei ätzenden Säuren und Alkalien); dynamisch ist sie, wenn sie durch den Lebensprozeß bedingt wird." — Wenn hingegen §. 166 von Thatsachen spricht, welche „verächtlich zu machen — — herabzuwürdigen geeignet sind," so soll damit sichtlich nur das Erforderniß der Unzweideutigkeit der bösen Absicht ausgedrückt sein; §. 113 hat daher auch nur dieser Absicht gedacht verbis: „ — — um Anordnungen der Obrigkeit verächtlich zu machen."

Auch der Entwurf glaubt zur Bezeichnung des Anfangspunkts der Strafbarkeit des Versuchs den sog. „Anfang der Ausführung" des Code pénal brauchen zu können. Daß dieser aber ein durchgreifendes allgemeines Merkmal abzugeben nicht im Stande ist, erhellt daraus, daß z. B. die Verabredung eines Verbrechens, etwa des Hochverraths oder Aufruhrs, ferner Bedrohungen schon als solche (Brandbriefe) — also auch wenn sie in Absicht der Erpressung, Entwendung ꝛc. vorgenommen sind — endlich Eintritt in geheime Gesellschaften oder Schimpfworte sogar schon zur Vollendung des Verbrechens für genügend gelten, während doch in Dergleichen, oder z. B. in der Anfertigung von Stempeln zur Falschmünzerei, noch gar kein Anfang der Ausführung in dem Sinn, den man diesem Wort gewöhnlich beilegt, zu finden ist, also nicht einmal Das was man doch selbst für unerläßlich ausgibt zum strafbaren Versuch, zum Unterschied von der straflosen bloßen Vorbereitung. Der wahre Grund jener im Entwurf, wie in den meisten Gesetzbüchern, gemachten Ausnahmen ist der, daß hier der rechtswidrige Wille entweder, wie bei der Ehrenkränkung, bereits vollständig hervorgetreten ist, auch ohne daß Thätlichkeiten hinzugekommen sind, oder daß Dergleichen doch höchstens zum Beweise seiner unerschütterlichen Festigkeit dienen und nöthig erscheinen können, wie z. B. beim Hochverrath. Bis dahin müßte hier denn freilich von Rechtswegen auch nur Versuch angenommen werden und nicht schon Vollendung, wie Letzteres mit großer Härte die §§. 67—69 thun vocib.: „Als ein Unternehmen, durch welches eines der im §. 67 und 68 bedrohten Verbrechen vollendet wird, ist jede Handlung anzusehen, welche einen Anfang der Ausführung des verbrecherischen Vorhabens enthält" (§. 69).

Sobald Jemand es noch in seiner Hand hat, einen Erfolg, den er bisher herbeizuführen gesucht, selbst zu vereiteln, und Dieß thut, also freiwillig vom Verbrechen absteht, sobald kann man nicht sagen, daß er Alles was er vermochte für das Verbrechen gethan und ebendamit einen vollkommen festen bösen Willen kund gegeben habe. Jedenfalls wird daher eine so bethätigte reuige Umkehr ihm sehr zu Gut kommen, d. h. die Strafe bald ganz ausschließen, bald sie erheblich mildern müssen. Auch der Entwurf erkennt Dieß an, zwar nicht grundsätzlich, aber doch in einzelen Fällen, nämlich bei der Ausforderung zum Zweikampf (§. 177) und beim fahrlässigen falschen Eide (§. 141), nicht aber beim Diebstahl, wo es doch vor Allem nöthig gewesen wäre — auch zum Besten der Bestohlenen selbst — und schon vom alten österreichischen Straf.-G.-B. bestimmt war.

Dritter Abschnitt: von der Theilnahme an einem Verbrechen und von der Begünstigung.

Wer sich wie immer an einem Verbrechen betheiligt, ist jedenfalls Theilnehmer, d. h. Mitschuldiger, also vor Allen der Thäter selbst; aber auch der Begünstiger gehört dazu. Man thut daher der Sache sowohl als der Sprache Gewalt an wenn man Beide in einen Gegensatz zur „Theilnahme" bringt, wie es zum Theil schon in der Ueberschrift des Abschnitts geschieht. Alle Arten der Theilnahme an einer That können zwar nur in Verhältniß zu dieser beurtheilt werden, auch die Begünstigung; dennoch haben sie sämmtlich ihren besonderen Thatbestand und können sogar vollendet sein, selbst wenn die That noch nicht einmal versucht ist, mit einziger Ausnahme der Begünstigung, die insofern von der That am Abhängigsten, mithin gerade am Wenigsten geeignet ist, außer Zusammenhang mit dieser behandelt zu werden. Es ist zu bedauern, daß die klarste und beste Darstellung dieser ganzen Lehre, nämlich in A. Bauers Abhandlungen aus dem Strafrecht und dem Strafprozeß I Nr. 7 (vgl. auch meine Kritik derselben in „Heidelb. Jahrbb. 1843 Nr. 13), den Verfassern des Entwurfs entgangen ist. Trotz des, mit Logik und Sprache gleich unverträglichen, Vorschlags von Schütze und der Ausführung der Motive (S. 89—92) ist nicht zu leugnen: Ohne Rücksicht auf die Rechtswidrigkeit der Willensrichtung, also auch auf die Beweggründe jedes Einzelen der Theilhaber, und vollends des Anstifters im Vergleich zum Thäter, ist ein gerechtes Urtheil über die Gleichheit oder Ungleichheit ihrer Strafwürdigkeit ganz undenkbar; desto unzulässiger erscheint folglich jede allgemeine Festsetzung darüber zum Voraus im Gesetz, geschweige die völlig rücksichtlose Gleichmacherei des Code pénal und des preuß. Straf-Ges.-B. Ebensowenig haltbar und durchführbar ist es, den Thatbestand und die volle Strafwürdigkeit der Anstiftung, sowie das Urtheil darüber, ob die Mittel „geeignet" waren, davon abhängen zu lassen, daß die Aufforderung Erfolg hatte. — Ziemlich undeutlich ist die Meinung des §. 40: „Wer zur Begehung des Verbrechens angereizt oder verleitet hat". §. 42 will vermuthlich nur einen Unterschied der Strafe danach machen, ob die Aufforderung „das Verbrechen zur Folge gehabt hat" oder nicht, drückt sich aber so aus, daß man kaum zweifeln kann, nur der erstere Fall werde unter Anstiftung verstanden. Ganz im Zweifel bleibt man über die Meinung des nahe verwandten §. 92, wovon schon oben die Rede war. Beihin gesagt hätte, statt der theils unbestimmten, theils tautologischen Ausdrücke in §. 42: „Wer — — auffordert, anreizt, verleitet oder(!) zu bestimmen sucht" einfach gesagt werden sollen: „Wer — zu bestimmen sucht", ähnlich wie in §. 313, der zugleich, grundsätzlich einzig richtig, keinen Erfolg der bethätigten Absicht des Bestechens zur Vollendung desselben fordert. Ein Rückfall in die Härte des preuß.

Straf=G.=B. liegt jedoch darin, daß man (§. 314 u. 315) ganz gleiche Strafe bestimmt für den Richter, Geschworenen oder Schöffen, der „sich hat bestechen lassen“ und für Den der sie „zu bestechen sucht“, als ob nicht die Amtspflichtverletzung einen wesentlichen Unterschied zum Nachtheil des Beamten begründete. Ebenso werden bald die Anstifter, bald die Gehülfen, bald Beide, dem Thäter gleichgestellt z. B. in §. 335; 326; 332; 333. Ganz falsch ist die Fassung des §. 40 Nr. 1 auch insofern als, wenn A den B zu einer Handlung veranlaßt, die, ohne daß B es ahnt, z. B. zur Tödtung oder Beschädigung des C. führt, offenbar lediglich A als Thäter gelten muß, denn er hat sich des B als bloßen Werkzeugs bedient, und Dieser, der keinen verbrecherischen Entschluß gefaßt hatte, ja fassen konnte, kann darum auch nicht als „zur Begehung des Verbrechens“ angestiftet gelten; er hat gerade so wenig ein Verbrechen begangen als der Dachdecker, der vom Dach herab auf einen Vorübergehenden fällt, der dadurch getödtet wird, oder als ein Kind, das zur Anzündung von Reisigbündeln oder Stroh bestimmt wird, wodurch ein Haus in Brand geräth. Selbst der Ausdruck „verleiten“ in §. 155 ist fast ebenso unpassend und mißleitend wie „anstiften“ für den Fall, daß Jemand durch Benützung des Irrthums eines Weibes sie zum Beischlaf bringt.

Zu §. 40 Nr. 2 und §. 41 Abs. 2 ist Folgendes zu bemerken. Bloß Gehülfe ist Wer nicht das Verbrechen selbst bezweckt, sondern nur Unterstützung der, mit seinem Wissen, auf dessen Begehung gerichteten Thätigkeit eines Andern. Er bleibt auch dann bloß Gehülfe, wenn er sehr wohl wußte, daß seine Mitwirkung für den Erfolg entscheidend sein mußte; auch dann darf ihm nicht, wie es der Entwurf thut, ganz derselbe Wille wie ihn der Thäter hat, angedichtet, also auch nicht dieselbe Strafe gegen ihn ausgesprochen werden, noch weniger auch in allen andern Fällen, obwohl man, wie das Beispiel der vorhin angeführten §§. ergibt, auch hierin dem harten Vorgang des Code pénal mit dem preuß. Straf=G.=B. fast auf dem Fuße folgt. Gar keinen Sinn hat das novum des Entwurfs, daß in diesen andern Fällen der Gehülfe nach den über den Versuch geltenden Grundsätzen bestraft werden solle, denn auch damit wird ihm ja das Wollen des Verbrech=

ens selbst angedichtet; wo er aber das Verbrechen selbst wirklich gewollt hat, da ist er nicht Gehülfe, sondern Miturheber oder Mitthäter. Der 3. Absatz des §. 41 ist nicht nur tautologisch gefaßt, sondern überdieß sehr leicht zu mißdeuten. Beides fiele weg wenn er lautete: „Die Strafbarkeit eines Jeden der Theilnehmer an einem Verbrechen kann je nach deren besondern Eigenschaften oder Verhältnissen erhöht oder verringert werden." §. 43 würde besser heißen: „Wer Denen, die sich an einer strafbaren Handlung betheiligt haben, nachher behülflich ist entweder zur Erlangung der Vortheile oder zur Vermeidung der Nachtheile aus ihrer That (z. B. zur Flucht) ist als Begünstiger zu strafen, es sei denn, daß er zu Letzterem lediglich durch persönliche Zuneigung oder Mitleid bewogen worden ist." Für die Beschränkung dieser Ausnahme auf nahe Verwandte und Verschwägerte ist hier ein zureichender Grund schwerlich vorhanden. Mit Recht hat man auch das bloße Theilnehmen an den Vortheilen der That von der Begünstigung ausgeschlossen. Es versteht sich, daß den Begünstiger keine schwerere Strafe treffen dürfe als den Thäter, aber auch nicht eine gleiche. Das ausdrückliche Verwerfen nur der ersteren zeigt schon, daß man die letztere für manche Fälle billigt, wie sich späterhin an einem Hauptfall der Begünstigung: der Hehlerei — bestätigt. Bei dieser wird gesagt, daß sie entweder aus gewinnsüchtiger Absicht vorkomme (§. 234) oder ohne dieselbe (§. 233) — hier also doch wohl nur der Person zu Liebe; man erkennt mithin an, daß beide Fälle wesentlich verschieden sind, kehrt sich daran aber nicht, indem sie ohne Unterschied bestraft werden sollen. Abgesehen hiervon ist der ganze §. 234 eine müßige Wiederholung, weil der darin erwähnte besondere Fall schon mit inbegriffen ist in der allgemeinen Fassung des §. 233: „auch ohne gewinnsüchtige Absicht." Da die Nichtanzeige bevorstehender Verbrechen nur als eine Art von Beihülfe, nicht aber von Begünstigung, in Betracht kommen kann, weil diese letztere ja ein bereits begangenes Verbrechen voraussetzt, so hätte sie auch nicht dieser (in §. 45) angehängt werden dürfen. Zu den Verbrechen, deren Nichtanzeige bestraft werden soll, hätte aber manches andere, z. B. Nothzucht, wohl ebenso gut, oder eher, gehört als Raub und — Desertion! Bezeichnend und grell genug ist Letzteres allerdings, um zu erklären, warum man Anstand nahm derselben schon hier (im §. 45), neben andern schweren Missethaten, zu gedenken, und es, verschämter Weise, erst später in einem besondern §. 124 that! Entschieden verwerflich ist übrigens das Beschränken der Straflosigkeit auf den Fall der Anzeige der genannten Verbrechen bei der Behörde oder der bedrohten Person, anstatt nur allgemein „rechtzeitig die zur Verhütung geeigneten Schritte“ zu verlangen, da Dieß jedenfalls genügt, jene Anzeige aber bisweilen unmöglich sein kann.

Vierter Abschnitt: Von den Gründen, welche die Zurechnung ausschließen oder mildern.

Hier hätte man folgerecht auch in der Ueberschrift das Wort „Zurechnung,“ das man ja sonst absichtlich umgangen hat, mit „Strafwürdigkeit“ vertauschen und ferner, statt „mildern“, etwa „einschränken“ oder „verringern“ sagen sollen. Ist strafrechtlich unter Zurechnung das Urtheil zu verstehen, daß Jemand soeben, wie sein Thun bewiesen, der äußeren Freiheit nicht würdig sei, vielmehr jener vormundschaftlichen Beschränkung derselben bedürftig, die man Strafe nennt, kann also, wie es von Möller und andern Psychologen schon vor Jahrzehnten behauptet worden ist,*) Zurechnungsfähigkeit Nichts bedeuten als Straf-Würdigkeit und Bedürftigkeit, so ist natürlich der auf S. 15 zu Ende in der Beilage: „Erörterung strafrechtlicher Fragen aus dem Gebiet der gerichtlichen Medizin“ erwähnte Zusatz ein bloßer Zirkel, den jedoch der S. 17 zu Anfang gemachte Verbesserungsvorschlag, dem der Entwurf §. 47 gefolgt ist, beseitigt. Ein innerer Grund ist aber auch hier nicht zu entdecken, weßhalb man, im Fall einer Beeinträchtigung des freien Willens des Thäters, die Strafe nach dem „Grundsatz“ der Bestrafung des Versuchs abgemessen wissen will (ebenso wie es oben auch bei der Beihülfe gerügt ist.)

Unverkennbar enthält dieser ganze Abschnitt einen offenbaren Verzicht auf jeden Versuch, für den richterlichen Ausspruch auch

*) Vgl. auch Romang, die Willensfreiheit.

über das Maß der Schuld, ebenso wie über ihr Dasein überhaupt, die Ergebnisse der wissenschaftlichen Einsicht und Prüfung, als Entscheidungsgründe, zur Geltung zu bringen. Denn, hätte man Dieß gewollt, anstatt lieber Alles ohne Weiteres dem Gefühl und Gewissen eines Dutzends von Männern aus dem Volk anzuvertrauen, so war es unumgänglich, in einem Gesetzbuch nicht bloß in der Ueberschrift eines Abschnittes des allgemeinen Theils, dem sein Inhalt nicht entspricht, von Gründen, welche die Zurechnung mildern, und im besondern Theil bei einzelen Verbrechen von „mildernden Umständen" zu sprechen: es durfte nicht einfach vorausgesetzt werden, daß man schon wissen werde, Was darunter zu verstehen sei, sondern es war nöthig, bestimmt anzugeben, worin sie bestehen und wie sie sich verhalten zu den anderswo angedeuteten Strafzumessungs- bezieh. Strafverringerungsgründen, vor Allem zu dem im §. 47 allgemein Gesagten. Den eigentlichen Schwerpunkt der Strafrechtswissenschaft und einer ihr entsprechenden Strafrechtpflege hat man sonach offenbar verloren, indem man sich genöthigt sah ihr dieses Armuthzeugniß auszustellen. Vielleicht darf es als ein gutes Vorzeichen angesehen werden, daß man, wie hieraus erhellt, nicht bloß die leere doktrinäre Spitzfindigkeit eines Unterschieds zwischen Strafmilderungs- und Strafminderungs-, Strafschärfungs- und Straferschwerungsgründen abgethan, sondern, Was mehr ist, angefangen hat der völligen Haltlosigkeit der bis heute herrschenden gesammten Zurechnungs- und Zumessungslehre inne zu werden*). Wenn man gar, wie der Entwurf thut, mit der offenbarsten Willkür mildernden Umständen nicht einmal bei allen Verbrechen Einfluß, und zwar gleichen Einfluß auf die Strafbarkeit einräumt, und vollends gerade bei solchen nicht, auf denen Todesstrafe steht, so heißt Dieß nicht nur der Durchführung einer gleich gerechten Strafzumessung absichtlich einen Riegel vorschieben, sondern noch dazu einen besondern Werth darauf legen, daß ja nicht zu wenig geköpft werde! Folgerichtigkeit und Menschlichkeit sind dabei gleich gröblich hintangesetzt.

---

*) Gute Beiträge zur Beleuchtung derselben gibt auch S. Ruf, die Kriminaljustiz 2c.

Den Uebergang zu einigen weiteren Betrachtungen über diesen Gegenstand mögen folgende Glossen zu ein Paar andern Ausführungen der „wissenschaftlichen Deputation“ bahnen. Daß z. B. Trunkenheit nicht ein bloß „körperlich abnormer“ Zustand ist, steht doch wohl ebenso außer Zweifel als daß solche, wenn auch nur künstlich herbeigeführte und vorübergehende nicht normale Zustände eben, deßhalb krankhafte sind, nicht minder wie das Schlafwandeln, — obwohl in Beidem das Deputationsgutachten anderer Meinung zu sein scheint. Mit Recht sieht es aber einen großen Fortschritt in dem Zugeständniß, daß es unter Umständen auch eine geminderte Zurechnungsfähigkeit geben könne und betont sogar, daß eine scharfe Trennung der dieselbe ausschließenden und nicht ausschließenden Geisteszustände ebensowenig möglich sei, wie überhaupt eine scharfe Abgränzung der Krankheit und Gesundheit. Man hätte nur ebendaran auch die unabweisliche Forderung knüpfen sollen, daß, in Rücksicht der erwähnten Zustände unmerklichen Uebergangs, das herkömmliche kategorische Urtheil unsrer Juristen: entweder hat er frei oder unfrei gehandelt! — worauf hin sie sogar über Leben und Tod zu entscheiden kein Bedenken tragen, Nichts weiter ist als eine durchaus haltlose wissenschaftwidrige Anmaßung *). Die Wahrheit ist, daß auch jene Geisteszustände, aus denen Verbrechen entspringen, keine ganz normalen, gesunden sind, keine solchen, die das Vorhandensein der Fähigkeit zur vernünftigen Selbstbestimmung, d. h. der inneren Freiheit in dieser (sittlichen) Hinsicht, bekunden; daß sie vielmehr einen wesentlichen Mangel (bezieh. Schwäche) oder aber eine Fehlrichtung (bez. Verderbtheit) des Denkens, Empfindens oder Wollens — besonders im Ueberschätzen der Sinnlichkeit und des Selbst — bezeugen, wodurch der Mensch aus dem sittlichen Gleichgewicht gebracht worden ist und deßhalb, nicht minder wie der eigentlich Verrückte, der Heilung bedürftig erscheint. Die zur Heilung nöthige Behandlung muß zwar für beide Fälle manchfach verschieden sein, sie geht bei dem Einen in der Strafanstalt, richtiger: Strafbesserungsanstalt, bei dem Andern in der Irrenheilanstalt vor sich; sie ist

*) S. Röder Grundzüge des Naturrechts. 2. Ausg. II. S. 151 f.

aber doch auch wieder so vielfach verwandt und muß so allmähliche Uebergänge haben, wenn anders nicht den wirklichen Verhältnissen und Zuständen des Lebens Gewalt angethan und, nach dem freilich sehr bequemen Herkommen, der Knoten einfach zerhauen werden soll, daß eigentlich beiderlei Anstalten nur die Flügel eines und desselben Hauses sein sollten, dessen, beide verbindender, Mittelbau die Zweifelhaften aufzunehmen hätte. Daß Knechte der Selbstsucht und Sinnlichkeit, wozu die große Mehrzahl der Verbrecher gehört, nicht als innerlich (sittlich) frei, sondern als unfrei, zu betrachten und zu behandeln sind, sollte man doch endlich einsehen. Gerade nur wegen dieser inneren Unfreiheit thut ihnen die strenge Zucht oder nachgeholte Erziehung einer Strafbevormundung Noth, damit sie zur innerlichen Freiheit, d. h. zur Fähigkeit vernünftiger Selbstbestimmung, wenigstens in dem Maße gelangen um auch der dadurch bedingten äußeren Freiheit oder Selbständigkeit fähig zu werden. Wie ganz anders würden doch die meisten Juristen urtheilen, wenn sie im Gebiet der Psychologie und Psychiatrie weniger fremd wären! Sie würden dann wenigstens wissen, daß man von einzelen Merkmalen, wie Selbstbewußtsein, Unterscheidungsvermögen u. s. f., nicht Alles abhängig machen darf, da zwar allerdings ohne dieselben Niemand Verbrechen begehen kann, es aber ein grober Fehlschluß sein würde, umgekehrt Jemand, dem Beides nicht fehlt, schon darum nicht zu den Geisteskranken zu rechnen. Eignes Verschulden und Bewußtsein davon, Bosheit und schlaueste Berechnung, kommen bei Irren weit häufiger vor als man zu glauben pflegt, und geistige Gebrechen und Fehlrichtungen, Einbildungen aller Art, die großentheils nicht selbstverschuldet sind, haben eben so oft wesentlichen Antheil an jenen sittlichen Verirrungen, die ins Zuchthaus geführt haben.

Immerhin etwas besser würde folgende Fassung der ersten §§. gewesen sein:

§. 46. Von einer strafwürdigen Handlung kann nicht die Rede sein, sobald das Geschehene: 1) entweder in einem solchen Zustand dauernder oder vorübergehender krankhaften Störung der Geistesthätigkeit vorgegangen ist, wodurch die Fähigkeit vernünftiger Selbstbestimmung völlig aufgehoben war, 2) oder dabei jede äußere

Möglichkeit fehlte, nach eignem Willen zu handeln, wie im Fall des Zwangs.

§. 47. Die Strafwürdigkeit wird nur verringert, sobald zur Zeit der That, sei es durch innere oder äußere Einflüsse (wohin auch Drohungen gehören), die freie Willensbestimmung mehr oder minder beeinträchtigt war.

§. 48. Auch im Fall einer gegenwärtigen dringenden Gefährdung des Lebens oder unersetzlicher Lebensgüter durch einen rechtswidrigen Angriff auf uns selbst oder Andere bleibt dessen Abwehr — rechte Nothwehr — straflos, insofern dabei nicht mit Absicht das rechte Maß überschritten wird.

Wenn §. 49, nach Vorschlag des Gutachtens, bestimmt, daß vor dem vollen zwölften Jahr nie Strafe stattfinden solle, so kann man sich darüber freuen, insofern man aus dem Folgenden ersieht, daß damit nur die Beseitigung des mit der „Strenge des Gesetzes" bisher stets verbundenen Unrechtsgedankens einer bloßen Leidenszufügung gemeint ist und deren Ersetzung durch die einzig vernünftige und gerechte unerläßliche strenge Zucht in einer „Erziehungs- oder Besserungsanstalt", falls etwa die häusliche Zucht ungenügend erscheinen sollte oder wohl gerade ihre bisherige Schlaffheit mit schuld gewesen wäre an der Verwahrlosung des fraglichen Kindes. Schade nur, daß man dabei stehen geblieben ist, Ebendieß bloß für Solche festzusetzen (§. 51), die vor vollen sechzehn Jahren nach Ansicht des Richters aus Mangel an Unterscheidungsvermögen gehandelt haben. Man hätte die Wohlthat der Nachholung der Erziehung zum Mindesten auch allen Uebrigen oder, noch besser, allen Minderjährigen zu Theil werden lassen sollen, deren Rechtseinsicht man ja doch sonst mit besondrer Nachsicht zu beurtheilen pflegt. Schon im Eingang der Besprechung der Freiheitstrafen habe ich mich hierüber (zu den §§. 49—51) ausgesprochen. §. 52 würde wohl kürzer und besser so gefaßt worden sein: „Jede, oder doch gerade diese, Strafe fällt weg, sobald dem Handelnden die besondern Eigenschaften und Umstände des Handelns nicht bekannt waren, die für dieselbe vorausgesetzt sind."

Untersuchungshaft und Strafhaft sind zwar nach Zweck

und Mitteln so grundverschieden, daß, wenn beide so beschaffen sind wie sie sein sollten, der Gedanke ganz verkehrt sein würde, durch erstere theilweise die Stelle der letzteren ersetzen zu wollen. Solange man sich indeß, wie es bis heute Regel war, um eine wahrhaft zweckentsprechende innere Einrichtung beider sehr wenig kümmert und sie daher überwiegend — von ihrer Außenseite: der Freiheitentziehung nämlich — übereinstimmen, solange wird gegen die Zulässigkeit des Einrechnens der einen Art von Einsperrung auf die andere Art (nach §. 53) wenig einzuwenden sein.

Die grundsätzliche Verkehrtheit solcher Einrechnung springt freilich besonders dann ins Auge wenn, wie es nicht gar selten vorkömmt, die Untersuchungshaft bereits länger gedauert hat als, zufolge des Urtheils, die Strafhaft zu dauern haben würde, so daß also ein Ueberschuß von jener bleibt, für den nun jede Ausgleichung mangelt.

An den Bestimmungen über die Antragverbrechen (§. 54—58) ist Nichts auszusetzen, auch wenn man über die Zahl derselben, die der Entwurf um einige vermehrt, vielleicht Bedenken hat. Nicht rechtfertigen läßt sich, daß §. 62 nach Unterbrechung der Verbrechenverjährung durch ein gerichtliches Vorschreiten die neu beginnende Verjährung einem Geflohenen nicht zu Statten kommen lassen will. Anerkennung verdient es aber, daß man nicht dem preußischen Strafgesetzbuche, sondern dem Code pénal und manchen andern Gesetzbüchern gefolgt ist (§. 63 ff.) in Annahme einer Verjährung nicht bloß der Verbrechen, sondern auch der rechtskräftig gewordenen Straferkenntnisse. Freilich geschah Das, wie aus den Motiven S. 107 erhellt, nur zufolge einer Ahnung des Richtigen, ohne klare Einsicht des wahren Grundes; denn dieser liegt keinesfalls im bloßen Ablauf der Zeit, auf deren Allmacht man sich, nach Abegg's Vorgang, zu stützen versucht, so schön auch eine solche Redefigur klingt. Worauf allein Alles ankömmt, ist Das was sich in der Zeit begeben hat, oder doch mit größter Wahrscheinlichkeit als vorgegangen angenommen werden muß, hier nämlich: die gänzliche Umwandlung des vormaligen Verbrechers in einen rechtschaffenen Menschen. Da nun gerade hierin der wahre Strafzweck besteht, so kann, weil er so gut wie gewiß bereits erreicht ist, vernünftiger Weise nicht ferner auf dessen Erreichung hingewirkt werden sollen. In der Hauptsache ist dieser Grund also ganz derselbe, auf dem auch das „ne bis in idem“ beruht.

Fünfter Abschnitt: vom Zusammentreffen mehrer Verbrechen oder Vergehen.

Beim Zusammentreffen mehrer Uebelthaten ist zwar der erste Satz des §. 65 einzig richtig, denn: nullum crimen sine poena. Da man jedoch heute noch immer unter poena nur ein äußeres Uebel versteht, verschieden nach Stärke und Dauer, so verleitet jener Satz leicht zu dem Widersinn einer solchen rein äußerlichen Zusammenrechnung (sog. cumulatio), von dem schon oben (bei den Freiheitstrafen III. zu 1) Einiges gesagt worden ist und dem durch den 2. Satz begegnet werden soll, der für die in derlei Fällen zu erkennende Freiheitstrafe ebenso eine geringste Dauer bestimmt wie der 3. Satz, eine viel zu lange, längste. Ein zureichender innerer Grund ist übrigens nicht abzusehen für den §. 64 und 65 gemachten Unterschied in der Bestrafung des einthatigen und des mehrthatigen Zusammenflusses, wonach dort bloß die schwerste der den mehren zusammentreffenden Verbrechen gedrohten Strafen eintreten soll, hier aber nur kann; denn es ist offenbar durchaus unwesentlich und zufällig, ob mehre rechtswidrigen Willensbestimmungen in einer und derselben äußeren Bethätigung sich kundgeben oder in verschiedenen. Dieser rein äußerliche Unterschied kann begreiflich nicht das Geringste ändern an der Nothwendigkeit einer Gegenwirkung je nach Art und Maß der ganzen kund gewordenen widerrechtlichen Gesinnung; am Wenigsten aber vermag er, wie früher dargethan ward, eine bloß mechanische Zusammenzählung aller der Strafzeiten zu rechtfertigen, die für die einzelen der zusammentreffenden mehrthatigen Verbrechen festgesetzt sind. Wenn der Entwurf, gleich dem preußischen Strafgesetzbuche, nur im Fall zusammentreffender Geldstrafen ausnahmweise an dieser Zusammenzählung festhält, so kömmt Dieß natürlich einzig auf Rechnung der allwaltenden ratio incrementi aerarii, dieses siebenten wo Leyser's Strafzwecken! — Warum sollte man auch nicht aus der Strafrechtspflege wo möglich ebenso Geld herauszuschlagen suchen wie aus der bürgerlichen Rechtspflege? —

Aushülflich kommen Gewalt und Betrug zwar auch als selbständige Verbrechen vor, meist aber doch nur als das Mittel, die Begehungsart, eines andern, besonders benannten, Verbrechens, dessen Bestandtheil sie ebendadurch werden; sie können dann also nicht noch als äußerlich neben diesem bestehend und mit ihm zusammentreffend in Betracht kommen (sondern z. B. Körperverletzung in Mordabsicht nur als Mordversuch), obwohl ein innerliches Zusammentreffen unstreitig vorhanden ist, insofern der Verbrecher offenbar das Mittel nicht minder gewollt hat als den Zweck, um dessen willen er es wählte. Bisweilen wird dann die Wahl gerade dieses Mittels erst die ganze Größe der Rechtswidrigkeit des Willens bezeugen und die Rechtswidrigkeit des Zwecks ganz in den Hintergrund drängen, z. B. beim Raubmord und Raub; bisweilen wird Beides sich ohngefähr die Wage halten, wie bei Nothzucht, als Mittel der Blutschande. Ohne Frage wird der schmähliche Mißbrauch der Form der Eingehung der Ehe zur Bemäntelung der Unzucht noch sträflicher dadurch, daß die Einwilligung des andern Theils durch Täuschung erschlichen ist. Soll nun hier, wegen dieses weiteren Betrugs, der zu dem in jeder Bigamie ohnehin enthaltenen hinzukömmt, ein Zusammenfluß angenommen werden? oder bei beabsichtigter Körperverletzung, die zufällig den Tod nach sich zog, ein Zusammenfluß jener mit kulposer Tödtung, wie es zu geschehen pflegt (einer der vielen ähnlichen Fälle, die der Entwurf unverhältnißmäßig hart bestraft §. 199)? — Daß der Entwurf sich gehütet hat (§. 66), in jedem Rückfall, schon als solchem, einen Straferhöhungsgrund zu sehen, auf bloße Rechtsdichtungen hin, wie es in der Blüthezeit des Abschreckungsprinzips gäng und gäbe war und noch in manchen Gesetzgebungen einigermaßen spukt, ist schon oben hervorgehoben worden.

Zweiter Theil: Von den einzelen Verbrechen und Vergehen und deren Bestrafung.

Ehe im Folgenden noch einige Glossen über die Behandlung mancher einzelen Verbrechen, nach Form und Inhalt, gemacht werden, möge hier noch im Allgemeinen bemerkt sein, daß man dabei nicht selten Gelegenheit hat mit Bedauern wahrzunehmen, wie wenig es den Verfassern gelungen ist die Fesseln ganz abzuschütteln, in die der grundfalsche Gedanke Feuerbach's: durch die Strafdrohung abzuschrecken und danach die gedrohte Strafe zu bemessen — seine Zeitgenossen geschlagen hatte. Ja, Was das Schlimmste ist, dieser wissenschaftlich vollkommen bankerotte Gedanke hat sich nicht etwa bloß hier und da in unbewachten Augenblicken wieder eingeschlichen, wie es bei Praktikern so leicht geschieht, sondern die Motive S. 126 bekennen sich dazu ganz offen bei den Forst- und Jagdfreveln, beim Ungehorsam des Schiffsvolks ꝛc. und meinen damit „die nicht wegzuleugnende Härte" ihrer eignen entsprechenden Strafbestimmungen „rechtfertigen" zu können, da doch höchstens gegen gemeinschädliche Ordnungswidrigkeiten fahrlässiger und leichtsinniger Menschen, zur Schärfung der Aufmerksamkeit, versucht werden kann durch sog. Polizeistrafdrohungen Einiges zu wirken, und insofern bei diesen allenfalls der Ausdruck der Motive S. 188: „vorbeugende Strafvorschrift" zu entschuldigen sein mag. Besonders grell tritt, wie weiterhin gezeigt werden wird, jener gutgemeinte Drakonismus im §. 130 bei den Münzverbrechen zu Tage. Hat man denn wirklich vergessen, wie oft das gerade Gegentheil Dessen, was man dabei im Auge hat, durch ebendiese Härte herbeigeführt wird, wie oft durch dieselbe z. B. schon Diebe, Wilderer ꝛc. zu Mördern gemacht worden sind! und wie handgreiflich eitel in so vielen Fällen jeder Versuch ist, durch die Eröffnung der Aussicht auf unangenehme äußeren Folgen von einer Handlung abzuhalten, zu der starke Triebfedern antreiben. Ist nicht längst alle Welt einverstanden, daß z. B. vom Duell auch die härtesten Strafdrohungen (wie z. B. im preuß. Landrecht) nie zurückhalten konnten und zurückhalten werden, solange die Unsitte gewisser Stände förmlich dazu zwingt, zumal wenn sie gar durch schlechte Einrichtungen, wie z. B. durch die preußischen sog. Ehrengerichte, gestützt wird oder — man doch von Oben durch die Finger sieht. Man denke nur an die Studentenduelle oder an den Fall des Herrn von Hinckeldey, der sich von einem bankhaltenden Junker, dessen Nest er seiner Amtspflicht gemäß ausgehoben hatte, dafür todtschießen lassen mußte! Von der Wirkungslosigkeit der Bedrohung aller politischen Verbrechen näher zu reden, wäre ebenso müßig als von der Gehässigkeit der in §. 79 des Entwurfs ihnen allein vorbehaltenen Unfähigkeit über ihr Vermögen zu verfügen! Nur ein Paar Worte seien noch gesagt über das, wie es scheint, zum Ersatz für die in Abgang gekommenen Verbrechen der Hexerei, des Wuchers ꝛc., neuerfundene Verbrechen der Auswanderung (§. 122). Es ist für sich klar, auch wenn nicht zahllose Erfahrungen es unwidersprechlich bestätigten, daß man durch die Verheißung von Einsperrung oder Vermögensverlusten Denjenigen vergebens suchen wird andern Sinnes zu machen, der die an sich bittere Auswanderung nicht schon als solche scheut, ja vielleicht nicht einmal Selbstverstümmelung (§. 125) oder gar Selbstmord fürchtet, um der Kriegsknechtschaft zu entgehen; man übt also damit höchstens Rache an ihm und seinen Angehörigen! Der Staat selbst, der ihn zum Soldaten preßt und ihn einer sog. soldatischen Zucht unterwirft, die ihn zu einem unbedingten Gehorsam nöthigen und gewöhnen will, der des Menschen unwürdig ist, wird ihm sicher nur als Gefängniß, als Zuchthaus, erscheinen, aus dem er begreiflich zu entfliehen suchen wird wie immer er kann. Ueberall in dem Entwurf tritt auf das Grellste derselbe zeitwidrige Geist des Militärstaats hervor, der sein Vorbild beseelt, besonders in der Härte der §§. 122—126, die offenbar auch den Schlüssel zum §. 127 abgeben. So soll auch der bloße Versuch zur Anwerbung für fremden Kriegsdienst bestraft werden (§. 123), sowie (nach §. 93) die Aufreizung der Soldaten zum Ungehorsam auch dann, wenn der beabsichtigte Erfolg ausbleibt, während ohne diesen die Aufreizung Anderer nur als Versuch bestraft wird (§. 42). Sogar für das Wegnehmen verschossener Kugeln hält §. 224 eine besondere Strafbestimmung für nöthig! Fast muß man sich wundern, daß nicht, nach dem Muster der bekannten Frankfurter Ausweisungen, auch noch ein besonderes, mit Landesverweisung bedrohtes, Verbrechen des Aufenthalts im Gebiet des norddeutschen Bundes auf Seiten Derer angenommen worden ist, die, nur um nicht demnächst gepreßt zu werden, in völlig gesetzmäßiger Weise ihre Entlassung aus dem Staatsverband eines Staates nordwärts des Maines bereits erwirkt haben!

Nach §. 75 wird der sog. Norddeutsche, der, falls der Nordbund etwa Krieg z. B. mit Baiern bekömmt, in bairische Dienste tritt, mit lebenslangem und, wenn er schon in diesem Dienst steht und ihn nicht verläßt, mit drei- bis zehnjährigem Zuchthaus bestraft! Und eine solche erbärmliche kleinliche Racheübung scheut man sich nicht eine „Bestrafung" zu nennen! Oder will man jenem Missethäter vielleicht auf diesem Wege eine andere politische Ueberzeugung beibringen? Und wäre es nicht heutzutage, wo nicht verzeihlich, doch höchst begreiflich, wenn Niemand in Deutschland mehr an einem Kriege gegen die eigenen Brüder den mindesten Anstoß nimmt?! — Ueber andere naheliegenden Möglichkeiten und Widerstreite wirklicher mit sog. Pflichten, die der Entwurf bei Strafe einschärft, wird es am Besten sein zu schweigen.

Beiläufig gesagt ist der Satz, den die §§. 84 und 85 fast mit denselben Worten wiederholen: „Dieselbe Strafe tritt — — verbürgt ist" ganz müßig, da der vorhergehende Satz schon in dem majus das minus enthält!

Der ganze II. Abschnitt spricht lediglich von „Beleidigungen der Bundesfürsten" — ohne allen Unterschied, ob durch den eignen Unterthan oder nicht! — „und der Mitglieder bundesfürstlicher Häuser" mit Inbegriff auch der entferntesten Verwandten und Schwäger. Daß auch nicht mit einem Wort der Bürgermeister und Senatoren der freien Städte gedacht wird, ist jedenfalls etwas stark und zeigt deutlich, wie wenig Rücksicht man ihnen schuldig zu sein glaubt, obgleich man sogar die den einfachen Reichstagmitgliedern widerfahrenen Beleidigungen späterhin einer besondern Erwähnung werth hält. Indeß läßt §. 68 wenigstens den Versuch „gewaltsamer Verdrängung des Senats" als Hochverrath gelten. Nach §. 98 kann, Wer sich einfallen läßt böslicher Weise etwa einen Bückeburger Gränzpfahl schwarzweiß anzustreichen, oder das Roth von einer amtlich aufgesteckten Bundesfahne abzutrennen, bis zu zwei Jahren eingesperrt oder bis zu 200 Thalern gebüßt werden. Es ist Das sicher eine etwas weit getriebene Courtoisie, da Dergleichen doch höchstens unter die Polizeivergehen gehört; nicht minder der Fall des §. 117, der auch auf Jenen paßt, der sich etwa in einer abenteuerlichen Uniform von eigner Erfindung gefällt oder sich aus Eitelkeit ein Band ins Knopfloch knüpft, das vielleicht einem ägyptischen Orden ähnlich sieht, oder der gar ein verschlungenes v. vor seinen Namen setzt — lauter, sofern nicht eine erweisliche Betrugsabsicht zum Grunde liegt, sehr harmlose Privatvergnügen. — Gleich passend oder unpassend für ein allgemeines Straf-G.-B.! als es besondere Strafbestimmungen für Schiffsvolk sind, würden ebensolche auch für Kriegsvolk sein; jedenfalls ist der Vergleich beider lehrreich. — Die Motive haben vergessen zu zeigen, wie sich mit §. 110 die fernere Duldung des „geheimen" Freimaurerordens vertragen soll oder auch geistlicher Orden, die „gegen bekannte Obere unbedingten Gehorsam versprochen haben"; es zu errathen, wird aber nicht Jedem gelingen. — Man begreift, daß für den norddeutschen Bund einige §§. nicht entbehrt werden konnten, die stark anklingen an die berüchtigten sog. „Haß- und Verachtungs §§." (100 u. 101) des preuß. Straf-G.-B. Diese haben zwar Einiges von ihrer höchst gefährlichen Unbestimmtheit und Zweischneidigkeit durch die etwas veränderte Fassung in §. 112 und 113 des Entwurfs verloren, am Wenigsten freilich dadurch, daß man sich an der „Verachtung" genügen ließ, weil man offenbar den „Haß" als selbstverständlich ansah. Die Motive weisen zwar zurück auf den Vorgang Englands; dort aber ist, in Folge des Fox'schen general verdict des Jury, die Presse thatsachlich vollkommen frei, und die Verfolgungen wegen strafbaren libell sind ebenso zum todten Buchstaben geworden wie die Geltendmachung der Kronrechte wider den entschiedenen Willen des Unterhauses. Die Herübernahme der englischen Theorie in die französische Praxis der ärgsten Reaktion zur Restaurationszeit hat jedoch bekanntlich weder die Revolution von 1830 noch die von 1848 verhindert und wird auch künftig eine schlechte, und deßhalb innerlich schwache, Regierung ebensowenig vom Untergang retten als der Strohhalm den Ertrinkenden, der sich an ihm halten möchte. Einer wohlmeinenden und kräftigen Regierung, die alle Tüchtigen im Volk auf ihrer Seite hat, thun erfahrungsmäßig die Mückenstiche der Presse Nichts, und gegen ganz grobe Ungebühr gibt es Mittel (z. B. im §. 92), auch ohne jene §§, während diese nur in Versuchung führen zu unaufhörlichen Preßplackereien, von denen doch der Augenschein lehrt, wie sehr sie einer Regierung in der allgemeinen Achtung schaden. Die Motive selbst geben zu (S. 148) in Hinsicht der Lehren und Gebräuche einer Religionsgesellschaft, daß das Festhalten an §. 135 des preußischen Straf-G.-B. — der bei Strafe verbietet dieselben dem Haß und der Verachtung auszusetzen — jeder zulässigen Kritik Gefahr drohe. Ganz Dasselbe hat man hier vergessen. Oder hält man alles Ernstes noch ein strafrechtliches Gegengift (des §. 112) für nöthig, wenn neuerdings vom römischen Konzil gegen ganze zahlreichen „Klassen“ der Bevölkerung, ja gegen alle die Millionen, die anders denken als — die Jesuiten, die Verfluchung ausgesprochen worden ist! —

In §. 118 fehlt ein höchstes Maß der Strafe für Beseitigung von Urkunden ꝛc.; für die von Anschlägen (!) oder Siegeln aber wird (§. 119 und 120) Gefängniß bis zu 6 Monaten bestimmt; ebenso für Bruch einer durch die Polizeiaufsicht auferlegten Beschränkung (§. 129) (!), und für die einer Bundesverweisung sogar bis zu zwei Jahren. In einigen dieser Fälle werden Wenige mehr als eine Polizeistrafe gerechtfertigt halten. Bei Fälschungen von Geld wird sehr richtig (§. 130) die Absicht, es als solches zu gebrauchen, gefordert, im Unterschied vom reußischen Strafgesetzbuche. Eine bloße Frucht leidiger Abschreckungsgedanken ist jedoch die große Härte, mit der §. 131 Den, der falsches Geld an sich bringt und verbreitet, dem eigentlichen Geldfälscher ganz gleichstellt — sichtlich bloß wegen der großen „Leichtigkeit,“ mit der Ersteres begangen werden kann, während umgekehrt die großen Schwierigkeiten der Geldfälschung eine bei Weitem größere Berechnung, Festigkeit und Gefährlichkeit des verbrecherischen Willens bezeugen, also nach richtigen Grundsätzen eine weit größere Strafwürdigkeit. Ebensowenig ist zu verstehen, warum die wissentlich falsche eidliche Versicherung (§. 138) und diejenige, die nur aus Fahrlässigkeit abgegeben worden ist (§. 141), von der gleichen Strafe getroffen, und nur im letztern Fall die durch rechtzeitigen Widerruf bethätigte Reue zu Gut gehalten werden soll. — Die Fälle, daß etwa ein zergliederungslustiger Arzt oder Studiosus medicinae die Leiche eines neugeborenen Kindes ꝛc. über die Seite schafft, und daß Jemand, wenn auch ohne Eigennutz, ein lebendes Kind durch Unterschiebung um seine Familienrechte bringt, sind so außerordentlich ungleich, daß es gewiß als ein auffallendes Mißverhältniß erscheint, wenn die höchste Strafe für jene und diese Handlung wie 2 zu 3 sich verhält (§. 146 und 147). — §. 144 hat mit Recht an einer ausdrücklichen Bestrafung der Gotteslästerung festgehalten; denn Jeder, auch der Atheist, darf nur mit Schonung Das berühren, was seinem Nächsten hoch und heilig ist. Wer aber sogar über Gott, als den Mittelpunkt aller Religion, sich höhnisch äußert, verletzt ebendeßhalb alle religiösen Menschen, nicht bloß eine oder mehre „anerkannte" Religionsgesellschaften. §. 145 indeß hätte besser gethan, in Anbetracht gewisser Möglichkeiten, die Fassung des preußischen Strafgesetzbuchs §. 136 beizubehalten oder etwa zu sagen: „Wer in Bezug auf Gottesverehrung und Gottesdienst irgend einen, wenn auch in Drohungen versteckten, Zwang übt ꝛc."

Im 14. Abschnitt, der von groben Unzuchtfällen handelt, die viel zu allgemein als „Verbrechen gegen die Sittlichkeit" bezeichnet worden sind, hätte im §. 148, für den Fall des Eingehens einer Doppelehe, das „wissentlich" des preußischen Landrechts nicht fehlen dürfen, trotz aller Scheingründe dagegen (s. Beseler's Kommentar S. 307); denn nur dann ist der sehr sträfliche Fall absichtlichen Bruchs der ehelichen Treue vermittelst des Mißbrauchs der Form der Eingehung einer Ehe vorhanden, wozu bisweilen noch ein Betrug gegen den andern Theil kömmt. Der Fall bloßen groben Leichtsinns hinsichtlich der Vergewisserung über den Fortbestand einer gültigen ersten Ehe vor Abschluß einer zweiten müßte besonders erwähnt und bestraft werden. Die ungeschickte Fassung: „eine der beiden Ehen aufgelös't oder für ungültig oder nichtig erklärt worden ist" – Letzteres eine unverständliche Unterscheidung, wie Dergleichen der Entwurf mit „oder" so oft, treu seinem Vorbild, zum Besten gibt, — müßte wegfallen; ebenso das nicht hinreichend deutliche „dessen Mitschuldigen" und „der Mitschuldigen" in §. 149.

Wollte man es überhaupt nicht aufgeben, das Entziehen der bürgerlichen Ehrenrechte bald anzuhängen, bald wegzulassen, so wäre Ersteres sicher weit eher am Platz gewesen bei den wirklich ehrlosen Berufspflichtverletzungen des §. 151 als bei den Fällen des §. 152. Mit Recht will aber der Entwurf über diese Fälle von widernatürlicher Unzucht in ihrer gewöhnlichsten Gestalt nicht lediglich wegsehen, vollends nicht wenn dadurch Aergerniß gegeben worden ist, wie Dieß auch, trotz der Bedenken der wissenschaftlichen Deputation, der preußische Minister des Innern richtig verlangt hat. Man kann nur billigen, daß §. 153 sich darauf beschränkt, eine mit Gewalt verübte, „auf Befriedigung des Geschlechtstriebs gerichtete unzüchtige Handlung" zu fordern. Aus ganz demselben Grunde jedoch, aus dem die Motive den Fall des §. 155 nur auf Antrag gestraft wissen wollen, hätte Dieß auch für jenen Fall bestimmt werden sollen, sofern die Nothzucht nicht etwa in Aergerniß erregender offenkundiger Weise verübt wird. Wer einige Erfahrung hat, wird der vortrefflichen Ausführung darüber in J. Möser's patriotischen Fantasieen sicher beipflichten. Im §. 155 hätte nach „Irrthum erregt" noch gesagt werden sollen, „oder benutzt" und statt „verleiteten", Was nur auf den ersten Fall des §. paßt: „mißbrauchten". Sehr wahr hatte vorlängst schon Cella gezeigt (in seiner Schrift „über Verbrechen und Strafe in Unzuchtfällen"), daß bei allen sog. Fleischesverbrechen nur eine Zuchtstrafe einen Sinn hat. Recht deutlich sieht man Das z. B. bei der gewerbmäßigen Unzucht (§. 156), wo offenbar Einsperrung auf ein Paar Wochen gar Nichts helfen kann, wohl aber das Unterbringen auf längere Zeit in einem „Arbeithaus". Ueber die große Unbestimmtheit der Ausdrücke („unzüchtige Handlung vornehmen" 2c.) in §. 151, 153 und vollends 154 („vornimmt" — „zur Verübung oder Duldung verleitet") ist schon oben, zu dem Abschnitt über den Versuch, das Nöthige gesagt worden. Man sieht nicht ab, warum, „Wer durch eine unzüchtige Handlung öffentlich ein Aergerniß gibt," (§. 160) Gefängniß bis zu zwei Jahren haben soll, hingegen ein Weib, das auf dieselbe Weise Unzucht treibt, nur bis zu sechs Monaten (sofern nicht etwa Gebrauch gemacht wird von der „Befugniß," sie nachher noch bis zu zwei Jahren ins Arbeithaus zu überweisen) und ebenso, „Wer unzüchtige Schriften oder Bilder verbreitet" (§. 161).

Nach §. 166 soll die Vorschrift des §. 8: „Das Recht des Beschädigten ist von der Bestrafung unabhängig" — ungeändert bleiben, obgleich dem Verleumder „die Zahlung einer Geldentschädigung bis zu 1000 Thaler auferlegt werden kann"; dann aber ist diese natürlich keine Entschädigung mehr, sondern eine Geldstrafe zum Besten des Verleumdeten, obwohl nicht auf seinen Antrag zuerkannt. — Wenn eine Klage wegen derselben Vorgänge zugleich auf Ehrenkränkung und Verleumdung gerichtet war, in letzterer Beziehung aber fallen gelassen wird, nachdem der Beklagte sich zum Beweis der Wahrheit erboten hatte, so müßte ihm das Recht bleiben diesen Beweis zu führen und darüber ein Urtheil zu verlangen. Eine Anerkennung dieses Rechts wäre vielleicht im §. 168 an ihrem Ort gewesen. Gewiß ist, daß für das Urtheil der Mitbürger über den Beklagten sehr oft Alles abhängen wird von der gerichtlichen Feststellung der Thatsachen, die für die Gesammtheit vom größten Belang sein können und deren Gewicht ihn vielleicht zu etwas starken Ausdrücken hingerissen hatte. Weder er noch das Publikum wird hier durch die scheinbare Großmuth des Klägers um dieses wichtige Recht gebracht werden dürfen, in dessen Geltendmachung ein ähnliches Gegengift gegen die üble Meinung Anderer liegt, wie es im §. 137 dem an der Ehre Gekränkten zugestanden wird. Auch §. 169 legt dem Wahrheitbeweis ein nicht zu rechtfertigendes Hinderniß in den Weg.

Es ist ebenso auffallend, daß §. 175 die ausgesprochene bestimmte Mordabsicht bei der Verabredung eines Zweikampfs cavalièrement so gut wie gar nicht in Anschlag bringt, als daß §. 178 umgekehrt auch den ganz unbeabsichtigten unglücklichen Ausgang bei jedem Zweikampf, wenn auch ohne tödtliche Waffen, fast ganz dem beabsichtigten (§. 179) gleich achtet; daß endlich gleiche Bestrafung für Den, der zum Zweikampf mit tödtlichen Waffen herausfordert der diese Herausforderung annimmt (§. 176 und 174), bestimmt werden konnte wie für die bloßen Kartellträger bei jedem Duell. Mit Recht ist im §. 180, für den Fall der Tödtung oder Körperverletzung durch vorsätzliche Uebertretung der Kampfregeln, bestimmt worden, daß dann die allgemeinen Vorschriften über diese Verbrechen eintreten sollen, mit Unrecht nicht auch für den Fall der Mordabsicht, die — sei es nun, daß sie bloß in der Abrede oder bereits im Beginn der Ausführung sich kundgegeben hat — jedenfalls ebenso unter den Begriff des Mordversuchs fällt als die Aussetzung (von der es §. 193 Abs. 3 ausdrücklich sagt) oder die Körperverletzung, die in tödtlicher Absicht vorgenommen sind. Die Gleichstellung der beiden grundverschiedenen, in §. 188 angeführten Fälle der Tödtung: 1) um ein Hinderniß der Ausführung eines Verbrechens aus dem Wege zu räumen oder 2) um sich der Ergreifung auf frischer That zu entziehen — ist eine große Härte, da im letzteren Fall nur Abwehr zur eignen Rettung, also gewiß in großer Aufregung, vorgenommen ist, im ersteren Fall aber ein nicht zu entschuldigender Angriff. — §. 199 ist ganz überflüssig, sobald in §. 198 nach den Worten „in Geisteskrankheit verfällt" noch beigefügt wird: „oder das Leben verliert," denn schwerlich wird Jemand behaupten wollen, von beiden Erfolgen sei dieser letztere unbedingt der schlimmere und — darum — hier eine schwerere Strafe nöthig. Ebendieß muß für §. 201 gelten, der obendrein mit großer Härte einer Gereiztheit gar keinen mildernden Einfluß einräumen will, sobald sie durch Ascendenten hervorgerufen ist. Auf das gewaltsame Bringen in fremde Kriegsknechtschaft hat man Zuchthaus bis zu 15 Jahren gesetzt (§. 205); man erinnert sich dabei unwillkürlich, daß Gewalt und Menschenraub, um in die eigne Kriegsknechtschaft zu bringen, in der ersten Hälfte des vorigen Jahrhunderts in Preußen etwas ganz Gewöhnliches war! —

Die von der Entführung handelnden §§. hätten ohne große Schwierigkeit besser gefaßt, und zwar zusammengefaßt, werden können, sobald man einsah, daß jede Entführung, obgleich schon als solche unrecht und sträflich, Dieß doch bald mehr bald weniger ist je nach Alter, Geschlecht, Weigerung der Einwilligung der entführten Person, je nach Art der angewandten Mittel und der Zwecke, um deren willen entführt wird. Von selbst versteht sich, daß es vollkommen unstatthaft ist mit §. 208 keinen Unterschied zu machen zwischen ehrlichen Absichten und Absicht der Entehrung, wie Das auch §. 210 dadurch anerkennt, daß, falls erstere Absichten — durch Heirat — erreicht sind, jede Strafklage von Amtswegen wegfallen soll. Wer Dieß leugnen wollte, würde zugeben müssen, daß hier ein Fall vorliege, wo absonderlicher Weise die Sträflichkeit der Handlung durch Herbeiführung des Erfolgs, auf den sie gerichtet war, nicht etwa gesteigert, sondern — aufgehoben werde! Daß man hier Zuchthaus (mindestens also für ein Jahr) bestimmte, in §. 207 und 209 aber

Gefängniß (höchstens also auf fünf Jahre) ist wieder einer von den zahlreichen Belegen der völligen Willkürlichkeit, zu der die innerlich ganz haltlose Unterscheidung jener Arten der Freiheitstrafe Anlaß gibt.

Vergeblich sucht man nach einem zureichenden Grunde fürdie Zusammenfassung so äußerst ungleichartiger Fälle des Diebstahls, wie die im §. 217 aufgeführten, für die man ebenso gleichmäßig eine milde Strafe: Gefängniß von mindestens einer Woche — in Aussicht genommen hat, wie umgekehrt für die Fälle des §. 218, schon durch das „Zuchthaus" als Regel, eine sehr harte. Zu den ersteren gehört der (vom Code pénal äußerst hart bestrafte) Fall des Stehlens von Ackergeräthen oder Vieh auf dem Felde, der dem Fall des §. 218 Nr. 4 ziemlich gleich steht und mit dem Entwenden einiger, bereits abgemachten, Nüsse oder Zwetschen oder etlicher ausgemachten Rüben rc. gewiß nicht auf eine Linie zu stellen ist; ebensowenig das Aneignen eines Rehs aus einem Park. Unter den letztern sei nur Nr. 2 erwähnt, wohin z. B. das Stehlen von Obst aus einem Garten, über dessen Mauer gestiegen wird, gehören würde!

Daß der einfache dritte Diebstahl nach §. 219 mit Zuchthaus bis zu zehn Jahren soll bestraft werden können, ist eine kaum begreifliche Härte, zu der man sich offenbar nur dadurch verleiten ließ, daß man auch solche Fälle hierher zog, wo früher nicht Diebstahl begangen war, sondern Raub; ganz ähnlich wie weiterhin bei der Hehlerei (§. 233 ff.), die ebenfalls übermäßig hart bestraft werden soll. Am Schluß des § wird mit Recht bestimmt, daß von Rückfall und seiner harten Strafe doch nur dann die Rede sein könne, wenn seit der vorigen Verurtheilung noch nicht zehn Jahre abgelaufen sind. Ganz verkehrt ist es aber, daß einer Verurtheilung (oder vielmehr: dem Strafvollzug) auch in dieser Beziehung der Straferlaß, und vollends die beendigte Verjährung, gleichgestellt wird (ebenso z. B. im §. 236); denn in beiden Fällen fehlt der besondere Grund für die größere Strafbarkeit des Rückfalls: die Wirkungslosigkeit der früheren Bestrafung. — Bei allen Diebstählen muß man streng scheiden, ob sie aus wirklicher Noth, wenn auch nicht gerade aus der „rechten Hungersnoth" der C. C. C. entsprungen sind oder lediglich aus selbst- und habsüchtiger Nichtachtung der Nebenmenschen. Gründliche Hülfe gegen Diebstähle der ersteren Art, wie gegen den Bettel, gewähren begreiflich keine Verbote bei Strafe, sondern nur bessere Eigenthums- und Armengesetze, sowie umsichtigere Fürsorge für Vermehrung der Gelegenheit zur Arbeit und Ueberwachung ihrer Benutzung. Bei leichtfertigen Dieben aber mag man sich höchstens das erste Mal mit einer kurzen Haft, zur Warnung, begnügen. Im Wiederholungsfall, und vollends bei wahren Gewohnheitsdieben, aus Arbeitscheu, thut, zur Abgewöhnung der gefährlichen Neigung, eine längere, oft mehrjährige, strenge Zucht nicht weniger Noth als bei heruntergekommenen Trunkenbolden, lüderlichen Dirnen oder gar bloßen faulen Landstreichern, denen allen man bis heute ausschließend eine solche unentbehrliche Zucht im „Arbeithaus“ zu gewähren pflegt, und zwar meist nur unter dem Namen einer Polizeimaßregel, wozu jedoch in Preußen und nach dem Entwurf auch noch die sog., oben besprochene, „Nachhaft“ kömmt.

Wußte ein Dieb, daß die Bewohner eines Hauses abwesend sind, so bedurfte er keiner größeren Frechheit zu seinem Diebstahl als wenn er in einem unbewohnten Gebäude gestohlen hätte, und aller Grund fehlt zu seiner schwereren Bestrafung, wie sie doch §. 220 vorschreibt. Auch die völlige Gleichstellung des ertappten Diebes, der sich mit Gewalt im Besitz des gestohlenen Guts zu behaupten sucht, mit dem Räuber (§. 227) geht zu weit. — Mit §. 230 fällt §. 212 insofern ganz zusammen, als die dort erwähnte Bedrohung „um sich einen Vortheil zu verschaffen“ auch auf den hier erwähnten sog., aber nur scheinbaren, Bettler paßt, der eine Gabe erpreßt. Bei der Hehlerei erfährt man nur ganz beiläufig (§. 236), daß auch ihr Versuch gestraft werden soll.

Die folgenden Abschnitte übergehe ich. Nur zu §. 26 über Urkundenfälschung sei bemerkt, daß bei ihm die unnütze Breite, der man so oft im Entwurf begegnet, wieder recht auffallend ist. Die drei ersten §§. hätten füglich in einen zusammengezogen werden können. Zu dem „anfertigt“ im §. 241 hätte doch „oder anfertigen läßt“ gehört und eine etwas weniger beschränkte Begriffbestimmung von Urkunde wäre zu wünschen gewesen. — Die Verletzung der

Pflichttreue durch Mittheilung anvertrauter Geheimnisse (§. 280), die möglicher Weise in den Fall des §. 334 übergeht, kann ohne Frage bei Weitem mehr Nachtheil und Gefahr bringen als die einfache Zerstörung fremder Sachen (§. 281); warum soll nun hier zwar geringere Geldstrafe, aber vierfach höhere Gefängnißstrafe stattfinden können?

Der größte Fortschritt im ganzen 30. Abschnitt über gemeingefährliche Verbrechen liegt entschieden darin, daß man nicht mehr, wie im preußischen Strafgesetzbuche, in den häufigen Fällen, daß Jemand dadurch das Leben verloren hat, geradezu das Voraussehen und (mittelbare!) Wollen dieses tödtlichen Erfolgs erdichtet in Gestalt eines dolus indeterminatus (soll heißen: indirectus!) „welcher" — wie man in Beseler's Kommentar S. 527 gedruckt lesen kann — „in der Strafwürdigkeit dem direkten dolus im Allgemeinen gleich steht"! — Nur hätte man, in Folge dieses Fortschritts der Einsicht, auch die Strafe solcher Fälle weit weniger hart ansetzen, das ängstliche Anschließen an die Fassung des preußischen Gesetzbuchs aufgeben und wenigstens im §. 285 überall „seines Wissens" beifügen sollen. Es würde wohl nicht allzuschwer gewesen sein, Wiederholungen (wie sie so sehr oft im Entwurf vorkommen) zu umgehen durch eine Zusammenfassung etwa in folgender Weise: „Der Brandstiftung schuldig ist, Wer absichtlich eigne oder fremde Gegenstände in Brand steckt, oder sie vermittelst der Anzündung anderer Dinge in Brand zu stecken sucht, im Bewußtsein der damit verbundenen Gefahr für Leben oder Eigenthum Anderer." „Die Strafe des Brandstifters — — —; sie wird jedoch auf höchstens — — herabgesetzt, wenn er wußte, daß eine Gefahr für Menschenleben nicht zu besorgen war." „Dieselben Bestimmungen treten auch bei Dem ein, der absichtlich durch Pulver oder andere Stoffe Sprengungen vornimmt, oder aber Ueberschwemmungen verursacht mit dem Bewußtsein der dadurch entstehenden Gefahr." Man könnte dann noch, zur Beseitigung von Zweifeln, einige Gegenstände der Brandstiftung, wie Waldungen, Bergwerke, Torfmoore, Vorräthe aller Art, Feldfrüchte, Eisenbahnwagen, besonders nennen, das Anzünden oder Sprengen fremder Sachen ohne weitere Gefahr ausdrücklich zu den bloßen Eigenthumsbeschädigungen verweisen, sofern nicht etwa Betrug im Spiel war oder, bei gottesdienstlichen Gebäuden, ein weiterer, für die Sträflichkeit wichtiger, Umstand hinzutritt, endlich den Mordversuch und die bloß fahrlässige Verursachung von Brand ꝛc. ausscheiden.

Man sieht nicht ein, warum nicht im §. 296 ebenso wie §. 295, auch der Fall der Körperverletzung erwähnt ist, warum ganz dieselbe Bestimmung, wie §. 302 sie für den Fall schlimmen Erfolgs einer Fahrlässigkeit trifft, in einer Reihe von §§. lediglich wiederholt wird, statt sie ein- für allemal zu machen, und warum nicht die Fahrlässigkeit, sobald sie Angestellten zur Last fällt, überhaupt (auch in §. 296 und 299) höher bestraft werden soll, und nicht namentlich das Sichbestechenlassen höher als das Bestechen (§. 314 und 315), wie es doch in den vorhergehenden §§. (die man in einen § hätte verschmelzen sollen) geschehen ist. Die Motive legen doch sonst (S. 181) besonderes Gewicht auf die Verletzung besonderer Berufspflichten. Von dem Lob übrigens, das sie der „Stellung" der preußischen Beamten ertheilen, stechen die lauten Klagen über den dabei durchgeführten Grundsatz des äußersten Mißtrauens so grell ab, daß schwerlich eine ähnliche Stellung den Beamten unsers ganzen Nordens erwünscht sein wird. Unbestimmt bleibt, ob auch beim Richter (§. 314) und beim Geschwornen oder Schöffen (§. 315) zur Bestechung das wirkliche Annehmen von Vortheilen erfordert ist oder schon das Fordern oder Sichversprechenlassen derselben hinreicht, wie bei andern Beamten (§. 312). Ebenso unbestimmt ließ man in den beiden ersten Fällen die Strafdauer, während man im §. 313 hierin dem preußischen Strafgesetzbuche nicht folgte, wohl aber in der ungeschickten Fassung des §. 314 („derselbe"! anstatt zu sagen: „Ein Richter, der sich — hat bestechen lassen, soll ꝛc."). Was der ganz undeutliche Schluß des §. 336 sagen will, hätte man besser im §. 311 deutlich gesagt.

Dritter Theil: Von den Uebertretungen.

Auch über diesen dritten Theil noch ein Paar Worte. Sichtlich rückt die Zeit näher, wo man endlich allgemein einsehen wird, daß, zufolge eines richtigeren Begriffs von Recht als der bis heute herrschende, alles Das, was man heute noch zu den Maßregeln der

Polizei rechnet, nur entweder zu den Ueberbleibseln jener zahllosen, ungerechtfertigten Eingriffe in die Freiheit der Einzelen und Vereine gehört, die der alte sog. Polizei- besser: Bevormundungsstaat sich erlaubt hat, oder aber zu den durch die Rechtsordnung durchaus gebotenen Maßregeln des öffentlichen Rechts, daß mithin die ersteren je eher je lieber beseitigt, die letzteren hingegen aufrechterhalten werden müssen. Das leere Gerede Hegel's und seiner Schule von einem bloß möglichen Unrecht, das in den Polizeivergehen liegen soll, fällt ebendamit in sich zusammen. Der Staat, als die gesellschaftliche Rechtsordnung, muß an jeden Einzelen in Rücksicht aller Uebrigen und des Ganzen ein bestimmtes Verhalten fordern im Thun wie im Lassen; er kann sich nicht damit begnügen, nur an die gröbsten und offenbarsten Verstöße dagegen bestimmte Rechtsfolgen (Strafen) zu knüpfen, nämlich an diejenigen, die aus einer geradezu rechtsfeindlichen Gesinnung (dolus) entspringen, d. h. vorzugweise sog. Verbrechen und Vergehen sind; sondern er muß Dieß auch dann thun, wenn sich in einer Handlung nur ein grober Mangel an Gemeinsinn, eine rücksichtlose unbürgerliche Denk- und Gefühlsweise, eine unverzeihliche Gleichgültigkeit gegen das Wohl und Wehe der Mitmenschen und gegen jene unentbehrliche äußere Ordnung der Dinge kundgibt, die auf Verhütung alles Unheils und Förderung des gemeinen Besten abzielt. So wenig es nun, wie oben schon bemerkt ward, je möglich sein wird, eine ganz scharfe Scheidung durchzuführen zwischen den Handlungen, die wegen ihrer Rechtswidrigkeit und denen, die bloß wegen ihrer Nicht- oder Unrechtlichkeit bald mehr bald weniger gemeingefährlich und strafbar sind, ebensowenig ohne unnatürliche Gewaltsamkeit eine völlig scharfe Abgränzung der öffentlichrechtlichen Folgen beider, obwohl im Ganzen der Zweck und Geist der Polizeistrafen ein anderer wird sein müssen. In manchen leichtern Fällen wird allerdings das Verhängen einer Geldbuße als ein geeignetes Mittel zur Schärfung der Aufmerksamkeit auf die Vermeidung ungebührlichen Handelns, in Fällen grober Fahrlässigkeit aber die Einsperrung als angezeigt erscheinen; allein in nicht allzuferner Zukunft wird man schwerlich mehr bloß in diesen beiden Mitteln das Heil suchen. Sobald ein kräftigerer Gemeingeist, Hand in Hand mit einer reicheren lebendigen Gliederung der Gesellschaft, sich entwickelt haben wird, werden sich in der zeitlichen Entziehung des Vertrauens von Seiten nicht bloß des Staats und der Gemeinde — also der staats- oder gemeindebürgerlichen Rechte —, sondern aller weitern oder engern Kreise der Gesellschaft, äußersten Falles in der Ausschließung (excommunicatio), die rechten Gegenmittel finden, ganz im Geist des Vergehens, ähnlich wie gewissen vorzugweise sog. Staatsverbrechen einzig die Verbannung, und nicht die Einsperrung, entspricht.

Muß, wie die Motive ergeben, gerade bei Vorschriften in Betreff einer bis ins Kleine unentbehrlichen äußeren Ordnung die Eigenthümlichkeit jeder Zeit und jedes Orts, nach allen ihren stets wechselnden Verhältnissen, vom größten Einfluß sein, so kann der Versuch einer ganz allgemeinen Bestimmung Dessen, was als Verstoß gegen diese öffentliche Ordnung gelten soll, fast als ein Widerspruch mit der Natur der Dinge angesehen werden; jedenfalls bleibt er äußerst bedenklich, und gewiß wäre gerade hier die größte Zurückhaltung geboten gewesen, wenn man zahlreichen Mißständen und unaufhörlichen Gränzstreitigkeiten zwischen Bundes- und Landesgesetzgebung vorzubeugen das Nächstliegende nicht versäumen wollte. Statt Dessen hat man auch hier die preußischen Gesetzbestimmungen kurzer Hand fast rein abgeschrieben, mit allen ihren Fehlern, nur um recht schnell fertig zu werden mit der „Strafrechtseinheit" neben der Einheit der Pickelhaube und der Steuerschraube. Zu welchen Kleinlichkeiten man sich hier verirrt hat, zeigt namentlich §. 352 über das Werfen mit Dreck, auch nach Häusern ꝛc. Auch sonst ist hier noch sehr Vieles zu beanstanden. So verfällt z. B. nach §. 348 Nr. 2 jeder Jäger oder sonstige Waffenliebhaber in Strafe, wenn er ohne polizeiliche Erlaubniß allmählich zu einem wohlbestellten Gewehrschrank oder einer andern Sammlung von, vielleicht alterthümlichen, Waffen gelangt ist; die Waffen aber werden konfiszirt. Nach §. 350 Nr. 5 werden Knechte und Mägde, die nicht nachweisen können (!), daß sie binnen bestimmter Frist kein Unterkommen zu finden im Stande waren, bis zu 6 Wochen ins Gefängniß, und nachher vielleicht noch auf ein Paar Jahre ins Arbeithaus gesperrt. Nach §. 353 Nr. 3 muß Geldstrafe oder

Gefängniß auch den Chemiker und Farmazeuten oder den Lehrer der Chemie und Farmazie treffen, der Gifte und Arznei-, wohl gar Zünd- oder Sprengstoffe bereitet, z. B. zur Unterhaltung einer Gesellschaft ein kleines Feuerwerk veranstaltet, ebenso nach Nr. 8 Den, der ein Jagdmesser im Futteral bei sich führt, oder gar einen Stoßdegen zum Behuf einer Reise in die Abruzzen, nicht aber Den, der ein zugeklapptes Dolchmesser, oder einen sog. Todtschläger oder einen Hirschfänger bei sich führt. Nr. 7 gestattet unbegreiflicher Weise mittelbar der Polizei, die Anwendung von Fußangeln und Selbstschüssen zu erlauben, anstatt zu sagen: „Wer irgendwo Dergleichen legt oder an bewohnten Orten auf gefährliche oder ruhestörende Weise schießt 2c." (man denke an den Unfug dieser Art, der an manchen Orten z. B. in Neujahrsnächten verübt wird). Nr. 9 hätte wenigstens heißen sollen: „Wer — — gefährliche wilde Thiere hält oder die erforderlichen Vorsichtmaßregeln zur Verhütung von Schaden durch sie oder andere bösartige Thiere unterläßt 2c." — Abgesehen von der unnützen Weitläufigkeit, mit der im §. 354 Nr. 3—9 feuergefährliche Handlungen besprochen werden, tritt bei manchen derselben der Gesichtpunkt der Vermögensbeschädigung so sehr zurück, daß die Bestimmungen darüber ganz gut unter dem Namen der Feuerverwahrlosung in den §. 289 gepaßt hätten. Nach §. 354 Nr. 11 fällt in Strafe Wer eine obwohl ungeladene Flinte trägt, sogar ohne Schießbedarf bei sich zu führen, selbst der Soldat, oder auch Wer etwa ein bestelltes Fuchseisen über Land bringt, sobald er wagt, einen Fußpfad im Walde zur Abkürzung des Wegs zu betreten, — denn ein solcher Pfad wird doch kaum ein öffentlicher Weg genannt werden können —; ebenso der Bauerjunge, der ein Nest aushebt, ohne zu wissen ob die Eier einer Grasmücke angehören oder einem Würger und daß er aus ersteren nur das zwischen sie gelegte Kuckuksei herausnehmen darf! Die §. 355 Nr. 1 den Schlossern auferlegte Beschränkung ist gar nicht durchzuführen und §. 356 Nr. 5 geradezu unverständlich. — An diesen Paar Beispielen wird es hoffentlich genügen um zu verdeutlichen, durch welche sehr absonderlichen Mittel man auch im Kleinen der großen Aufgabe einer norddeutschen Strafrechtseinheit Vorschub thun zu müssen glaubt.

Sehr vieles Andere, was zu sagen gewesen wäre, mußte unterdrückt werden, da es schwer gewesen sein würde das Ende zu finden, hätte überall gleichmäßig, und nicht bloß beispielweise, in das Einzele gegangen werden sollen. Absichtlich hatte ich vor dem Niederschreiben des Vorstehenden Nichts von Dem gelesen, was bis dahin über den Entwurf erschienen war und ich habe mir auch nachher nur erlaubt auf ein Paar Stellen der Arbeit von Heinze hinzuweisen, wo Einiges, worauf ich nur hingedeutet habe, sehr gut ausgeführt ist.

Es lohnt nicht der Mühe, auf den inzwischen erschienenen revidirten Entwurf, der neben kleinen Verbesserungen große Rückschritte enthält, näher einzugehen oder gar auf die, nicht einmal durch einen gründlichen Ausschußbericht vorbereiteten, Verhandlungen des sog. Reichstags.

Ich schließe mit dem Wunsch und der Hoffnung, daß es nicht gelingen werde ein so übereiltes Werk Hals über Kopf zum Gesetzbuch für unsern Norden zu stempeln!

K. Röder.

www.ingramcontent.com/pod-product-compliance
Lightning Source LLC
LaVergne TN
LVHW042250300926
849161LV00003B/536
* 9 7 8 3 4 8 6 7 2 2 0 9 3 *